数据安全与隐私保护丛书

陕西师范大学出版基金资助出版

贵州省公共大数据重点实验室开放课题重点项目资助出版

差分隐私数据保护理论及应用

鲁来凤　　吴振强　**编著**

彭长根　**主审**

西安电子科技大学出版社

内 容 简 介

本书是在国内外数据隐私泄露事件令人触目惊心，数据隐私保护问题亟待有效解决的背景下撰写的。书中对隐私保护领域的一个研究热点——差分隐私理论进行了深入剖析，并对差分隐私理论在图结构数据、轨迹数据及基因数据等领域中的应用进行了探究。

全书共分为三部分，第一部分(第 1 章～第 4 章)为差分隐私基础理论，主要包括绪论、相关数学基础、差分隐私理论和本地化差分隐私等内容；第二部分(第 5 章～第 8 章)为差分隐私应用研究，主要涉及轨迹数据隐私保护、基因数据隐私保护、图结构数据隐私保护和随机响应机制效用优化等内容；第三部分(第 9 章、第 10 章)为差分隐私新进展，主要涉及混洗差分隐私、联邦学习中的隐私保护等内容。

本书可供计算机科学、网络空间安全、密码学等相关学科和专业的高年级本科生、研究生学习，也可供广大研究数据安全隐私保护的科技工作者参考。

图书在版编目（CIP）数据

差分隐私数据保护理论及应用 / 鲁来凤，吴振强编著. -- 西安 ：西安电子科技大学出版社，2024. 12. -- ISBN 978-7-5606-7436-0

Ⅰ. D913.04

中国国家版本馆 CIP 数据核字第 20245R4L21 号

策　　划　李惠萍
责任编辑　于文平
出版发行　西安电子科技大学出版社（西安市太白南路 2 号）
电　　话　(029) 88202421　88201467　　邮　编　710071
网　　址　www. xduph. com　　　　　　电子邮箱　xdupfxb001@163. com
经　　销　新华书店
印刷单位　陕西博文印务有限责任公司
版　　次　2024 年 12 月第 1 版　　　　2024 年 12 月第 1 次印刷
开　　本　787 毫米×1092 毫米　1/16　　印张　9.5
字　　数　213 千字
定　　价　26.00 元
ISBN 978-7-5606-7436-0
XDUP 7737001-1
＊＊＊如有印装问题可调换＊＊＊

序　言

　　信息化的发展是一把双刃剑，收益与风险共存。从计算机广泛应用到互联网诞生，针对网络与数据安全的攻击从未停止过，安全事件不断发生，数据安全形势日益严峻。为了应对这一挑战，各国政府均投入了大量的资源。2014年"中央网络安全和信息化领导小组"成立，标志着网络空间安全已被提升到国家安全的战略高度；2018年，领导小组升格为"中国共产党中央网络安全和信息化委员会"，网络空间安全的战略高度再次全面提升。网络空间安全不容小觑，从国家战略到学科建设，从关键信息基础设施到人们的日常生活，网络与数据安全受到前所未有的重视，成为了公众、企业和监管部门关注的重点领域。近几年，国家陆续出台了《中华人民共和国网络安全法》《中华人民共和国密码法》《中华人民共和国数据安全法》《中华人民共和国个人信息保护法》，从多维度构建了网络与数据安全领域的法律保障体系。

　　随着云计算、大数据、人工智能、移动物联网和区块链等技术的快速发展和深度应用，隐私泄露问题愈演愈烈，各种数据安全事件和隐私泄露事件屡屡被推到风口浪尖，学术界和产业界也一直在探索以隐私保护为核心的隐私计算技术。目前密码技术仍然是数据安全的核心基础，近年来，以差分隐私、数据泛化为主流的隐私保护算法和以同态密码、安全多方计算为代表的密码算法，构成了数据安全与隐私保护的重要技术基础。然而，数字经济的发展不断催生出新技术、新产业、新业态、新模式，发展与安全的协调、应用与监管的规范、公平与效率的统一等，是对数字经济时代提出的新的要求，因此，构建技术、标准和法律于一体的数据安全解决方案已迫在眉睫。从技术的角度来说，密态数据计算下的"数据可用不可见"和联邦学习下的"模型动数据不动"，成为了学术界和产业界关注的热点。如何从多维度、多渠道推进数据安全和隐私保护技术的研究、应用和产业化，是当前学术界和产业界所面临的重要任务。

　　《数据安全与隐私保护丛书》旨在通过出版一系列现代网络、密码学、数据安全和隐私保护方面的书籍，为各行各业的科技工作者、管理工作者和企业技术人员提供一套较为完整的基础丛书，以满足读者学习网络与数据安全理论与技术的需要。本丛书较为系统地介绍了相关理论、算法、技术和应用，也介绍了新的发展趋势和技术应用，内容涉及身份基类哈希证明系统、差分隐私、属性密码、区块链、云数据安全存储、可搜索加密、基因数据、关系图数据、空间数据等隐私保护理论与方法的前沿热点，以及隐私管理相关的理性隐私计算与法律等内容。本丛书的主要特色是突出现代基础理论与算法，融入作者最新研究成果，展现最新发展趋势和提供具体解决方案。本丛书的读者对象定位为信息安全、网络空间安全、密码科学与技术等专业的本科生和研究生，也可以作为科技工作者的参考资料，还可以作为企业技术研发人员和监管部门管理人员的学习材料。

　　本丛书从规划到逐步完成，要感谢贵州大学和陕西师范大学两支密码学与数据安全团队参与全程工作；要感谢国家自然科学基金项目和其他相关科研项目的资助；要感谢所有作者的辛勤工作和研究生团队的大力支持；要感谢中国保密协会隐私保护专委会的支持；更要感谢评审本丛书和提出宝贵建议的专家和学者，这里包含了你们的智慧。最后，要特别感谢西安电子科技大学出版社的领导和编辑，你们的支持和帮助是本丛书得以出版的重要基础。

《数据安全与隐私保护丛书》编委会

2024 年 8 月

前　言

　　伴随着智能手机、平板电脑等各种移动智能终端的不断普及，物联网中传感设备的大量接入以及智慧城市、智慧校园的发展，移动互联网、物联网、云计算等技术日新月异，电子商务、电子政务、社交网络和网络碎片化学习已与人们的生活息息相关，全球数据量剧增，人类已经进入"大数据时代"。

　　大数据的爆发便利了人们的生活，网络搜索、网络就医、网络办公、网上购物、网上学习等已然成为当下人们的生活方式。但任何事物往往都是利害并存的，伴随大数据而来的就是大量包含个人敏感信息的数据（隐私数据）存在于网络空间中：电子病历涉及患者疾病等隐私信息，支付宝记录着我们的消费情况，GPS完全掌握我们的行踪，谷歌、百度知道我们的偏好，微信知道我们的朋友圈，等等。手机拍的生活照，微博主页上关注的用户分组，"淘宝"收藏夹和购物车里存放的商品链接……这些带有"个人特征"的信息碎片正汇聚成细致全面的大数据信息集，可以轻而易举地构建网民的个体画像。

　　近年来，国内外数据隐私泄露事件不断发生，泄露的内容也五花八门，包括个人身份信息、位置信息、网络访问习惯、兴趣爱好等，数据隐私保护问题亟待得到有效解决。

　　目前大数据的隐私保护技术主要包括密码学方法、匿名技术和差分隐私保护技术，本书拟对其中关注度最高的差分隐私保护技术开展研究。

　　差分隐私是微软研究院的Cynthia Dwork在2006年针对隐私泄露问题基于不可区分性首次提出来的，它能够解决传统隐私保护模型的两个缺陷。首先，差分隐私保护模型假设攻击者能够获得除目标记录外所有其他记录的信息，这些信息的总和可以理解为攻击者所能掌握的最大背景知识。在这一最大背景知识假设下，差分隐私保护无须考虑攻击者所拥有的任何可能的背景知识，因为这些背景知识不可能提供比最大背景知识更丰富的信息。其次，它建立在坚实的数学基础之上，对隐私保护进行了严格的定义并提供了量化评估方法，使得不同参数处理下的数据集所提供的隐私保护水平具有可比较性。

　　经过十余年的理论发展，在差分隐私保护方面出现了大量的新方法和新应用。差分隐私理论迅速被业界认可，并逐渐成为隐私保护领域的一个研究热点。如今差分隐私被认为是一个有前景的隐私保护模型，其概念跨越了一个从隐私到数据科学、范围广泛的研究领域，包括机器学习、数据挖掘、统计和学习理论。

　　正是在以上背景下，笔者所在的陕西师范大学网络与数据科学实验室团队，近年来一直致力于数据隐私保护的研究，从事的具体研究方向有差分隐私数据发布、图结构数据的隐私保护、轨迹隐私保护和基因隐私保护等，目前在这些领域均取得了一定的研究成果。

　　为了更好地与同行深入交流相关研究成果，给对数据隐私保护感兴趣的计算机科学、网络空间安全、密码学等相关学科和专业的高年级本科生、研究生以及广大研究数据安全隐私保护的科技工作者提供一定的参考，笔者将团队近年来的研究成果进行归纳、汇总、提炼，编撰成《差分隐私数据保护理论及应用》一书。

本书共 10 章，分为差分隐私基础理论、差分隐私应用研究和差分隐私新进展三个部分。第一部分包含第 1 章到第 4 章，内容为绪论、相关数学基础、差分隐私理论、本地化差分隐私；第二部分包含第 5 章到第 8 章，内容为面向轨迹数据发布的个性化差分隐私保护、基因数据隐私保护、社交网络中图结构数据隐私保护、随机响应机制效用优化；第三部分包含第 9 章和第 10 章，内容为混洗差分隐私、差分隐私研究展望。

本书由鲁来凤和吴振强编著，彭长根审校定稿。另外，实验室的刘博老师、李艳平老师、周异辉老师、田丰老师、颜军博士、刘海博士、刘丹青博士、廖雪宁博士后、杨斌博士后对本书的撰写工作给予了大力帮助和支持，实验室的其他各位老师和研究生同学们（王文丽、张翊君、秦智星、田萌洁、周加凤、宋宇婷、胡静、张双越、田源、温阁、宋光晨、韩紫微、田堉攀、李明霜、汤文茹、王锐、任青、卢相宜等）也付出了辛勤的劳动，谢谢你们！

本书主要由陕西师范大学出版基金资助出版，同时还得到了陕西省自然科学基金面上项目（2020JM-288，2024JC-YBMS-543）、中央高校基本科研业务费专项（GK201903011，GK201903091）、贵州省大数据榜单子项目（20183001）、贵州省公共大数据重点实验室开放课题重点项目（2017BDKFJJ026，2018BDKFJJ004）和陕西省网络与系统安全重点实验室开放课题基金的资助和大力支持，在此一并表示衷心的感谢！

差分隐私保护是一个新兴的多学科交叉研究领域，尚有许多问题有待探究，加之作者水平有限、撰写时间仓促，因此书中不妥之处在所难免，恳请广大读者批评指正。

鲁来凤

2024 年 8 月

目录

第一部分　差分隐私基础理论

第二部分 差分隐私应用研究

第三部分　差分隐私新进展

第一部分

差分隐私基础理论

第 1 章 绪 论

互联网正以惊人的速度迅猛发展。据报道,2023 年全球有 51.6 亿互联网用户,47.6 亿社交媒体用户。据中国互联网络信息中心(CNNIC)2023 年 8 月底发布的第 52 次《中国互联网络发展状况统计报告》显示,截至 2023 年 6 月,我国网民规模为 10.79 亿,较 2022 年 12 月增长 1109 万人,互联网普及率达 76.4%。伴随着智能手机、平板电脑等各种移动智能终端的不断普及和物联网中传感设备的大量接入以及智慧城市、智慧校园的发展,移动互联网、物联网、云计算等技术日新月异,电子商务、电子政务、社交网络和网络碎片化学习已与人们的生活息息相关。当下互联网已经成为我们生活的必需品,升级为像水、电、煤一样的基本需求。

巨大网民数字的背后,是网络上大数据(Big Data)的爆炸式产生,例如社交大数据、电子商务大数据、轨迹大数据、医疗大数据和教育大数据等。一分钟内,微博、推特上新发的数据量均超过 10 万,社交网络 Facebook 的浏览量超过 600 万。全球网络数据量剧增,真可谓瞬息万变,人类已经进入“大数据时代”。

大数据的爆发便利了人们的生活,网络搜索、网络就医、网络办公、网上购物、在线学习等已然成为当下人们的生活方式。但任何事物往往都是利害并存的,伴随大数据而来的就是大量包含个人敏感信息的数据(隐私数据)存在于网络空间中:电子病历涉及患者疾病等隐私信息,支付宝记录着我们的消费情况,GPS 完全掌握我们的行踪,谷歌、百度知道我们的偏好,微信知道我们的朋友圈,等等。手机拍的生活照,微博主页上关注的用户分组,“淘宝”收藏夹和购物车里存放的商品链接……这些带有“个人特征”的信息碎片正汇聚成细致全面的大数据信息集,可以轻而易举地构建网民的个体画像。与大数据时代相伴而生的隐私保护问题遭遇了前所未有的挑战。

1.1 隐私数据发布的挑战

1.1.1 隐私泄露

2013 年爱德华·斯诺登的爆料,使得美国最高机密监听项目——“棱镜计划”公之于众，进而使人们对大规模数据采集所涉及的个人隐私问题有了全新的认识与定位。

2017 年 12 月，三六零公司网络安全响应中心(360CERT)通过大量数据调研和分析，发现对于含有敏感信息和机密信息的记录，数据泄露问题变得很严重，全年数据泄露事件的平均规模上升了 2%，财产损失高达上亿元。

中国互联网络信息中心(CNNIC)发布的第 52 次《中国互联网络发展状况统计报告》中显示，截至 2023 年 6 月，37.6% 的网民表示过去半年在上网过程中曾遭遇过网络安全问题，其中遭遇个人信息泄露的网民比例最高，为 23.2%。

近年来，国内外数据隐私泄露事件频发，泄露的内容更是五花八门，包括个人身份信息、位置信息、网络访问习惯、兴趣爱好等。2021 年 4 月，超过 5.33 亿 Facebook 用户的个人信息被泄露，这些信息包括用户的 Facebook 账户名、用户所在位置、用户生日、用户电子邮箱地址等；2021 年 8 月，研究人员发现 B2B 营销公司 OneMoreLead 把超过 6300 万美国人的用户数据放在一个完全敞开的数据库中，该数据库包含的隐私信息有个人身份信息数据、用户工作状况、用户雇主相关信息；2022 年 7 月 21 日，依照《中华人民共和国行政处罚法》《中华人民共和国网络安全法》《中华人民共和国数据安全法》《中华人民共和国个人信息保护法》等法律法规，滴滴公司因违法处理 657.08 万条包括人脸识别信息、精准位置信息、身份证号等个人敏感信息在内的隐私信息，被国家互联网信息办公室处以人民币 80.26 亿元的罚款。

众多案例表明，数据大量收集后存在暴露用户隐私的风险，互联网更是增大了隐私泄露的可能性。在大数据时代，隐私遭遇了前所未有的严重威胁。

那么为了保护个人隐私，是否可以将包含个人隐私数据的内容完全不在互联网上进行发布呢？答案是否定的。包含隐私内容的数据发布(简称隐私数据发布)还是非常有必要的。

▶▶▶ 1.1.2 隐私数据发布的必要性

在互联网上，个人数据的处理一般有数据收集、数据发布与分析两个阶段。

第一阶段是数据收集阶段。个人将他们的个人信息提交给数据收集者(也称为管理者)。大部分的数据都是与个人相关的，如医疗数据、银行数据、社会网络数据等。管理者拥有对该数据集的所有管理权限。

第二阶段是数据发布与分析阶段。数据发布旨在将数据集或一些查询结果共享给公共用户。在一些文献中，这种情况称为数据共享或数据发布。数据分析为公共用户提供数据模型，它可能与某些特定的机器学习或数据挖掘算法相关联。数据发布和分析都带来了社会效益，如提供更好的服务、发布官方统计数据、提供数据挖掘或机器学习任务等。

图 1-1 所示为网络中数据收集、数据发布与分析的过程。图 1-1 中收集的大部分数据都是与个人相关的，包含隐私或敏感信息。隐私泄露可能发生在这两个阶段。如果管理员不可信，个人信息将直接在数据收集阶段泄露。即使管理员是可信的，并且应用了几种简单的匿名技术，但当他向公众发布综合信息时，个人信息也可能泄露，因为某些用户通常是不可信的。即便如此，我们却万万不能"因噎废食"，因为包含个人隐私的数据发布有着重要的意义。例如，医疗机构通过收集病人的医疗记录，发布病人的一些统计信息，这样才能更好地让研究者们研究出对抗疾病的方法。再比如，社交和电子商务网站收集用户的朋友关联信息和购物习惯，这样能为客户提供更好的服务，带来更好的社会和经济效益。由此可以看出，隐私数据发布还是非常有必要的。

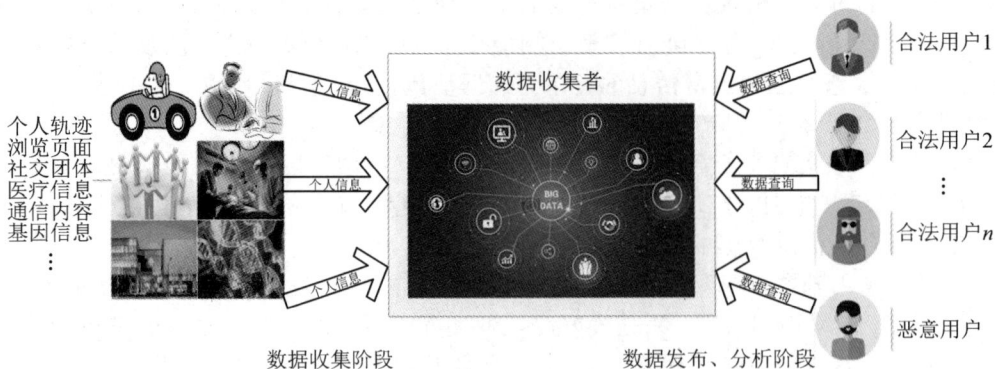

图 1-1 数据收集、数据发布与分析过程示意图

《大数据安全标准化白皮书(2017)》指出,在充分发挥大数据价值的同时,要解决数据安全和个人信息保护问题。因此,在大数据环境中研究隐私数据发布时如何保护个人隐私是一个亟待解决的重要问题。

1.2 数据隐私保护

1.2.1 隐私定义

隐私对于独立的个体或者团体而言,是一个主观并且宽泛的概念,它是随着个体或者团体的变化而变化的。对于同一个个体来说,自己的隐私也是随着时间的变化而变化的,因此不同的人在不同的时期、不同的国家或者不同文化的影响下,对隐私有不同的定义和认识。

例如,在西方国家,与自己有直接或者间接关系的大部分信息都会被认为是个人隐私,在日常生活中鲜有人会谈论。但在我国,人们在交谈过程中经常会询问个人年龄、身体状况等情况。

2015 年 1 月,*Science* 期刊出版了一期"The End of Privacy"的专辑,认为隐私是一种特殊的科学问题。尽管我们才开始了解隐私泄露带来的后果,但我们所知道的隐私正在终结。自信息技术和相关设备发明以来,就不断有人声称"隐私的终结",例如,照相机和摄像头为偷拍和监控提供了便利,移动电话很容易遭到窃听等。

那到底什么是隐私呢?其实目前学术界并没有完全统一的严格定义。一般来说,隐私是指"私人秘密,一种与公共利益、群体利益无关,当事人不愿他人知道、干涉、侵入或他人不便知道、干涉、侵入的信息"。随着生活的数字化,人们对于隐私的认识不断发生着转变,隐私从物理空间转向了信息空间,隐私和其他个人数据的界限也变得模糊不清。通常人们认为,隐私表现在身份信息的隐私、位置信息的隐私、行为特征的隐私和通信特征的隐私等几个方面。

1.2.2　隐私保护

政府、工业界和学术界高度关注隐私保护问题，并从法律、管理和技术多个角度积极采取了措施。

欧盟制定的《通用数据保护条例》（简称 GDPR）在 2018 年 5 月 25 日正式生效，该条例首次把"默认隐私保护"的概念作为法律条款写进法规，并对数据画像活动进行了特别限制。自《通用数据保护条例》正式生效以来，大量的社交媒体开始将注意力集中到合规性问题上，客户数据隐私保护问题也将毫无疑问地成为关注的焦点。

2012 年我国政府通过了《全国人民代表大会常务委员会关于加强网络信息保护的决定》。2013 年工业和信息化部发布了《电信和互联网用户个人信息保护规定》，中国保密协会专门成立了隐私保护专业委员会。我国于 2017 年 6 月 1 日起施行《中华人民共和国网络安全法》和《最高人民法院、最高人民检察院关于办理侵犯公民个人信息刑事案件适用法律若干问题的解释》，加强了个人信息保护，其中规定对于提供公民个人信息违法所得 5000 元以上的可入罪。《杭州市数据安全保障体系规划（2018—2020）》指出，政务部门要建立数据分类分级标准规范，确保数据的安全和保护公民个人隐私安全。对于杭州市范围内的网络运营者，将约束其在业务活动中收集、保存、使用、委托处理、共享、转让、公开披露个人信息的行为，并要求其采取必要的技术措施，比如匿名化、去标识化等，以防止信息泄露、丢失。

在学术界，研究者们从隐私攻击、隐私保护模型、隐私保护机制等各种角度对隐私泄露问题进行了深入研究。

1.3　隐私保护模型

为了保护数据中的隐私信息，近年来，学者们针对数据隐私保护做了大量的工作，已经提出各种保护隐私的方法，并设计了许多指标来评估这些方法。这些隐私保护方法及其评价标准被定义为隐私保护模型。

目前关于大数据的隐私保护模型主要包括基于密码的隐私保护模型、基于匿名技术的隐私保护模型和基于差分隐私的隐私保护模型，下面主要对前两种模型进行介绍。

1.3.1　基于密码的隐私保护模型

数据加密（Data Encryption）技术是指发送方将一些不愿被他人得知的数据（或称明文，Plain Text）通过使用加密密钥（Encryption Key）或加密函数转换，变成密文（Cipher Text）；接收方则通过解密密钥（Decryption Key）或解密函数将密文恢复为明文。通过数据加密可以防止黑客窃取或篡改原始数据。数据加密方法分为对称加密体制和非对称加密体制两类。

加解密使用相同密钥的密码体制称为对称密码体制，是最早的一种加密类型，目前仍在广泛使用。对称密码体制使用密钥和加密算法将明文转换为密文，用相同的密钥和解密算法将密文还原为明文。对称密码体制最具代表性的算法是 DES 算法和 AES 算法。由于对称密码体制在加密和解密过程中使用相同密钥，所以算法简单，易实现，效率高，计算开销小。不过，正是因为对称密码体制采用相同的密钥，很难保证发送方和接收方的密钥安全性，同时密钥分发管理也会随着密钥数据量的增长而变得更加复杂。

非对称密码体制又称为公钥密码体制，其在加密和解密过程中使用不同的密钥，一个是公钥，一个是私钥，加密算法使用公钥将明文转换成密文，解密算法使用私钥将密文还原成明文。也就是说，公钥密码体制依赖一个加密密钥和一个与之相关但又不相同的解密密钥。应用最为广泛的公钥密码体制是 RSA 算法。

由于非对称密码的核心是加解密使用不同的密钥，攻击者得知一个密钥却无法分析出另外一个密钥，从而增加了信息保护的强度，因此非对称密码体制对数据保护的能力更强，更适应网络的开放性要求，密钥的分发管理相对较简单。不过，非对称加密与对称加密相比，算法比较复杂，效率较低。目前的相关研究通常将对称密码和非对称密码结合使用，例如加密信息采用 DES 算法，传递会话密钥采用 RSA 算法。

结合云服务器的计算和存储能力，基于非对称密码学方法和对称密码学的隐私保护研究曾经一度成为热点。Lin 等提出了混合加密，将对称加密与非对称加密结合，实现了大数据的隐私保护，但是混合加密的整个加解密过程需要巨大的计算时间开销。基于非对称密码学，Rivest 等提出了同态加密。同态加密允许对密文进行计算，并且运算结果解密后与用明文进行相同运算所得结果一致。2009 年 Craig Gentry 提出了全同态加密。全同态加密对明文所进行的任何运算，都可以转化为对相应密文进行恰当运算后所得的解密结果。Xu 和 Huang 将全同态加密技术和 MapReduce 编程模型结合，可以有效地进行大数据隐私计算。

不过这两种密码体制虽然具有高隐私保护强度，但存在对称密钥管理较为复杂和非对称密码方法计算开销高等不足，不适合动态多源的大数据隐私保护。而且，云服务器作为不可信的第三方，敏感数据可能被其窃取或者篡改导致隐私泄露。

1.3.2 基于匿名技术的隐私保护模型

1. 二维表数据

二维表数据主要由标识符(Identifier，I)、准标识符(Quasi Identifier，QI)和敏感属性(Sensitive Attribute，SA)三类属性构成。其中：标识符能够用来唯一识别和关联出某个实体的身份属性，例如身份证、学号、工号等特有信息；准标识符能够通过潜在分析来识别和关联出某个实体身份的相关属性集合，例如性别等信息；敏感属性是指不愿被其他人或未授权机构得知的隐私属性，例如个人收入、健康状况等信息。

例 1.1 表 1-1 所示为某地大学城医院医疗信息表，请分析其三类属性。

表 1-1 医疗信息表

姓名	年龄	性别	婚姻状况	学校	疾病
小明	24	男	已婚	师范大学	感冒
李华	25	男	未婚	外语大学	肺结核
小花	23	女	未婚	政法大学	发烧

解 表 1-1 中的"姓名"属于标识符属性,准标识符属性包括"年龄、性别、婚姻状况、学校","疾病"属于敏感属性。

2. 数据匿名技术的思路和实现方法

数据匿名(Data Anonymization)技术是指对数据或数据源进行隐藏或模糊处理。数据匿名技术一般用于数据发布中的隐私保护,由数据发布方在数据发布之前对原始数据进行相关的预处理,通过隐藏用户的敏感数据,使攻击者不能通过匿名后的数据推出原始敏感数据,从而达到保护隐私的目的。数据匿名技术是通过将原始数据所有者和敏感信息的对应关系切断,生成可用且满足隐私保护要求的匿名数据集。

数据匿名技术实现的方法有很多,包括数据泛化、数据抑制、数据分离、数据置换等方法,如表 1-2 所示。数据泛化和数据抑制是数据匿名技术中使用最早和最广泛的方法。数据泛化在数据匿名化处理过程中会改变原始数据,数据分离和数据置换则不会修改准标识符属性和敏感属性。

表 1-2 数据匿名实现方法对照表

数据匿名实现方法	优 点	缺 点
数据泛化	算法移植性好;数据较真实	匿名开销较大
数据抑制	隐私保护程度较高	数据失真严重
数据分离	保证数据真实性和有效性	实现较复杂
数据置换		

(1) 数据泛化。

数据泛化是指从一个合适的范围内选择一个新数据将原始数据替换,使得新数据与原始数据相比涵盖的信息量更大。数据泛化实现数据匿名的方法是降低数据精度,用较高层次的概念来代替较低层次的概念。例如,用老、中、青分别代替 51~70 岁、36~50 岁、20~35 岁)的年龄区间。数据泛化的优点是不会引入错误的数据,同时还可以保留原始数据的一些统计特性。

(2) 数据抑制。

数据抑制是指从数据表中直接删除或隐藏一条或几条数据,是最粗粒度的泛化,数据抑制一般会与数据泛化结合使用。例如,许多原始数据包括用户的姓名、健康状况等,这些敏感属性其实可以在发布之前删除,也可以看成一种泛化的形式,即把范围当作无穷大。当过度泛化造成较大信息损失时,一般会先抑制几条数据,再进行泛化处理,这样可以使得数据损失减少,以达到更好的匿名效果。

(3) 数据分离。

数据分离是指首先根据敏感属性值对数据表分组,尽量使敏感属性值相同的不在一组,然后将分组后的数据作为两张表进行发布,一张为标识符属性信息表,另外一张为敏感属性信息表,通过阻断标识符属性和敏感属性信息之间的关联来达到隐私保护的目的。数据分离的优点是不需要修改原始数据,可以更好地保证数据的真实性和有效性,所以对于查询结果来说数据分离的准确性较高。

(4) 数据置换。

数据置换是指在数据表分组之后,将分组后每组内的敏感属性值进行随机交换,再将数据表拆分，随后进行发布。数据置换实质上是对数据分离的改进，主要处理数值型的敏感属性值。

上述数据匿名技术实现方法中，数据泛化主要是通过模糊标识符属性，分析用户属性集中的一些细节，使用一些通用的信息来替换具体信息；数据抑制是从数据表中直接删除或隐藏一条或几条数据；数据分离和数据置换主要是通过对敏感属性分组，将准标识符属性和敏感属性分离。

3. 数据匿名技术及其优点

针对密码学进行隐私保护在密钥管理和计算开销上的问题，同时为了对抗链接攻击，1998 年 Pierangela Samarati 和 Latanya Sweeney 首次提出 k-匿名（k-anonymity）隐私保护技术。k-匿名保证数据表中任意一条记录的准标识符属性都至少和 $k-1$ 条记录相同，以此来阻断准标识符属性和敏感属性一一对应的关系。k-匿名模型可以避免记录链接攻击，把某一记录隐藏在一个大组记录中，目前多数的匿名模型都由它改进发展而来。

基于 k-匿名的隐私保护技术，面临在等价类中敏感属性取值单一导致用户隐私泄露问题，Ashwin Machanavajjhala 等提出 l-多样性（l-diversity）隐私保护技术，要求每个等价类中至少有 l 个不同的敏感属性值，使攻击者获取个体敏感信息的概率为 $\frac{1}{l}$，有效地防止了攻击者通过发布的数据来推断敏感属性值，可以避免属性链接攻击。

如果等价类中敏感属性值的分布与整个数据集中敏感属性值的分布有明显的区别，那么攻击者可以获得用户的敏感属性值，为此 Li Ninghui 等提出 t-近邻（t-closeness）匿名隐私保护技术。

其实，数据匿名技术实现中如果选用的模型过于简单，可能会造成隐私泄露；如果选用的模型过于复杂，可能会造成数据可用性极低。因此，数据匿名技术是在寻求数据安全性与可用性的平衡。总的来说，想要得到越安全、隐私保护程度越好的数据匿名模型，带来的数据可用性也会越低。

通过以上分析，数据匿名技术的优点是数据的真实性和可用性较高，同时，应用数据匿名技术增加了攻击成本，相当于更好地保护了用户隐私。因此数据匿名技术主要用于数据发布、位置或轨迹服务、社交网络等应用中的隐私保护。但是，一些数据匿名技术会导致数据的精确度降低。

1.4 差分隐私保护模型简介

1.4.1 隐私保护存在的问题

在差分隐私理论被提出之前，隐私的概念就已经受到人们的关注，已有的方法面临许多隐私泄露的风险与挑战，具体包括以下几个方面。

（1）使用匿名技术隐私保护模型方法时，数据通常不能完全匿名，总是可以通过链接攻击得到隐私信息。

（2）对匿名元组的身份重识别并不是唯一的风险，也就是说会伴随和个人相关的诸多隐私信息泄露。

（3）大型数据集也存在隐私泄露风险，即使数据集可以拒绝一些侵害个人隐私信息的查询。

（4）查询审查不可行，即使算力允许，判断是否可以查询也是个难题。

（5）汇总统计并不安全，通过重构攻击仍然可以泄露隐私。

（6）即使一些简单的信息也会泄露隐私。

（7）存在"少数受害者论"，即只保护大多数人的隐私，而少数人受害并不受关注。

为解决这些问题，研究人员试图寻求一种新的、鲁棒性足够好的隐私保护模型，使其能够在攻击者拥有最大背景知识的条件下抵抗各种形式的攻击。差分隐私（Differential Privacy，DP）的提出使得这种设想成为了现实。

1.4.2　差分隐私模型概要

差分隐私是微软研究院的 Cynthia Dwork 在 2006 年针对数据隐私泄露问题基于不可区分性首次提出来的，对隐私保护水平提供了量化评估方法。

差分隐私主要是通过噪声机制实现的。常用的噪声机制有拉普拉斯机制与指数机制，其他噪声机制包括高斯机制、几何机制、矩阵机制、函数机制等。拉普拉斯机制和高斯机制一般适用于数值型数据的隐私保护，指数机制则是 2007 年 Frank McSherry 和 Kunal Talwar 提出来的，适用于非数值型数据的隐私保护。

差分隐私要求某个数据记录的变化对数据集计算处理结果的影响微乎其微。它能够解决传统隐私保护模型的两个缺陷。首先，差分隐私保护模型假设攻击者能够获得除目标记录外所有其他记录的信息，这些信息的总和可以理解为攻击者所能掌握的最大背景知识。在这一最大背景知识假设下，差分隐私保护无需考虑攻击者所拥有的任何可能的背景知识，因为这些背景知识不可能提供比最大背景知识更丰富的信息。其次，它建立在坚实的数学基础之上，对隐私保护进行了严格的定义并提供了量化评估方法，使得不同参数处理下的数据集所提供的隐私保护水平具有可比较性。

因此，差分隐私理论迅速被业界认可，并逐渐成为隐私保护领域的一个研究热点。差分隐私现被认为是一个最有前景的隐私保护模型，概念跨越了从隐私到数据科学、范围广泛的研究领域，包括机器学习、数据挖掘、统计和学习理论。

1.5　差分隐私国内外研究现状

伴随着"棱镜门"等重大隐私泄露事件的不断发生，人们对大数据环境下隐私保护研究的重视程度日益增强。差分隐私理论因建立在坚实的数学理论基础之上，迅速被业界认可，并逐渐成为隐私保护领域的一个研究热点。

近年来，对于差分隐私的研究不仅在理论上有了突破，而且在数据查询、数据发布和数据挖掘等领域中广泛运用，许多研究成果已经被用于社交网络、位置隐私、推荐系统和其他相关场景。

▶▶▶ 1.5.1　国外研究现状

在国外比较活跃的研究团队有微软研究院的 Cynthia Dwork、Frank McSherry 团队，IBM 研究院的 Aris Gkoulalas-Divanis 团队，哈佛大学的 Thomas Steinke、Jonathan Ullmany 团队，康奈尔大学的 Zhanglong Ji、Zachary 团队，普林斯顿大学的 Shang Shang、Tiance Wang 团队等。苹果公司将该本地化差分隐私技术应用在操作系统 iOS 10 上保护用户的设备数据，谷歌公司同样使用该技术从 Chrome 浏览器采集用户的行为统计数据。

我们分析了 2012 年到 2023 年 1 月收录在 web of science(WOS)上的差分隐私相关论文，并绘制出关键词聚类图谱(见图 1-2)以及时间线图谱(见图 1-3)。图 1-2 中，区块链、位置隐私保护、云计算、分布式优化、信息泄露、噪声、社交网络、隐私保护、本地差分隐私、博弈论、图像加密、差分隐私、隐私保护、贝叶斯方法、K 均值聚类算法、深度学习、机器学习、数据隐私等 21 个关键词被聚成一类，说明这些技术是 10 年来差分隐私研究的关注点。其中，位置隐私保护、社交网络、图像加密等是热点领域，解决这些问题的相关研究较多，区块链、云计算、分布式优化、本地差分隐私、博弈论、差分隐私、贝叶斯方法、K 均值聚类算法、深度学习、机器学习是着重研究的技术手段。

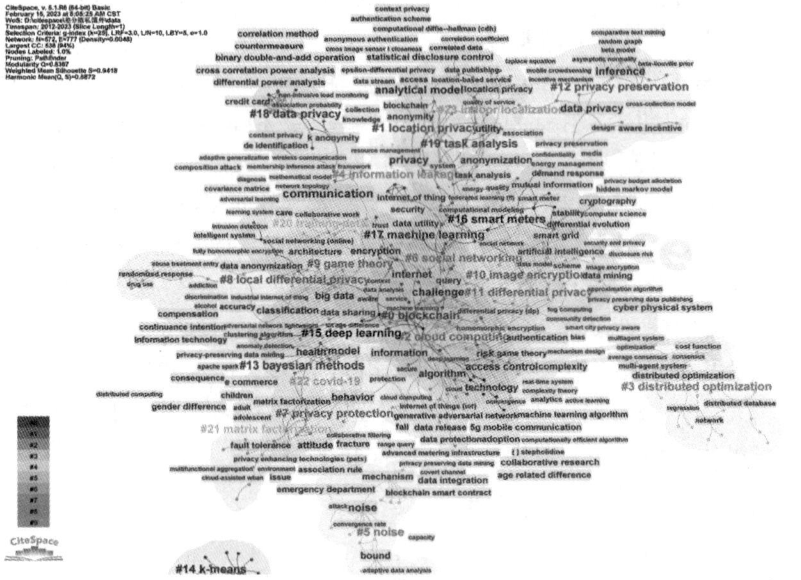

图 1-2　WOS 差分隐私关键词聚类图谱

图 1-3 所示为前 16 个关键词 10 年来的发展趋势，从图中可以直观地看出某一个聚类下的关键词在时间轴上的演化。可以明显看出每一个关键词的时间跨度都不长，技术与热点的更新很快。近两年关注度高的是云计算、分布式优化、本地差分隐私等话题。

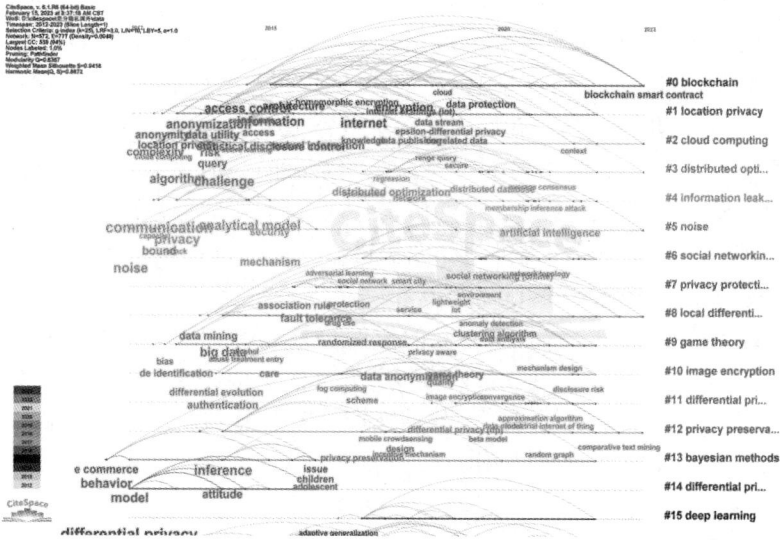

图 1-3 WOS 差分隐私时间线图谱

1.5.2 国内研究现状

国内,在大数据隐私保护领域积极开展科学研究并不断产出科研成果的团队主要有:西安电子科技大学的马建峰教授、沈玉龙教授、李兴华教授团队,中国人民大学的孟小峰教授团队,贵州大学的彭长根教授、田有亮教授团队,中国科学院的李凤华研究员团队,中南财经政法大学的熊平教授团队,福州大学的吴英杰教授团队,河南财经大学的张啸剑教授团队,另外还有东北大学、清华大学、浙江大学、香港浸会大学等科研团队。

我们分析了从 2012 年到 2023 年 1 月收录在中国知网上的差分隐私相关论文,并绘制了关键词聚类图谱(见图 1-4)以及时间线图谱(见图 1-5)。

图 1-4 中国知网差分隐私关键词聚类图谱

从图 1-4 中可以看出，差分隐私、隐私保护、社交网络、边缘计算、决策树、个性化、数据发布、隐私度量、位置隐私、聚类、数据隐私、任务分配、深度学习、直方图、推荐系统、区块链、车联网、指数机制、特征选择、社区发现、人工智能 21 个关键词被聚成一类，说明这些是当下研究的热点。其中，社交网络、数据发布、隐私度量、位置隐私、直方图、推荐系统、车联网、人工智能属于当下主要关注的差分隐私应用领域。同时，云计算、矩阵分解、协同过滤、轨迹数据、同态加密等与差分隐私结合也成为可研究的热点方向。边缘计算、决策树、聚类、任务分配、深度学习、区块链、指数机制、特征选择、社区发现则属于热门的隐私保护手段，与差分隐私相辅相成。

图 1-5 所示为前 16 个关键词 10 年来的发展趋势，从图中可以直观地看出某一个聚类下的关键词在时间上的演化。从图中我们可以看出，区块链、推荐系统、任务分配是近几年被关注起来的，而社交网络、边缘计算、数据发布、聚类则一直是热点话题，位置隐私、决策树、直方图近几年的关注度有所下降。

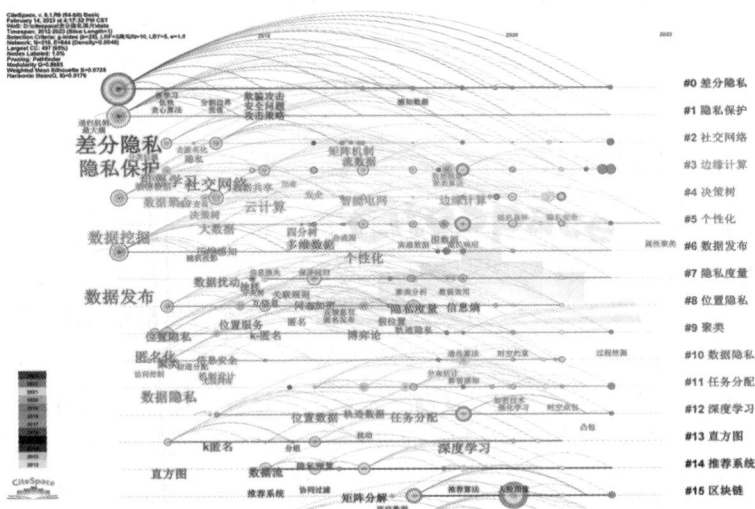

图 1-5　中国知网差分隐私时间线图谱

1.6　本书结构框架

本书共 10 章，分为差分隐私基础理论、差分隐私应用研究和差分隐私新进展三大部分。其中，第 1 章到第 4 章为第一部分差分隐私基础理论，内容包括概述、相关数学基础和差分隐私理论（中心化及本地化差分隐私）；第 5 章到第 8 章为第二部分差分隐私应用研究，包括轨迹数据隐私保护、基因数据隐私保护、图结构数据隐私保护和随机响应机制；第 9 章和第 10 章为第三部分差分隐私研究新进展。全书的框架结构如图 1-6 所示。

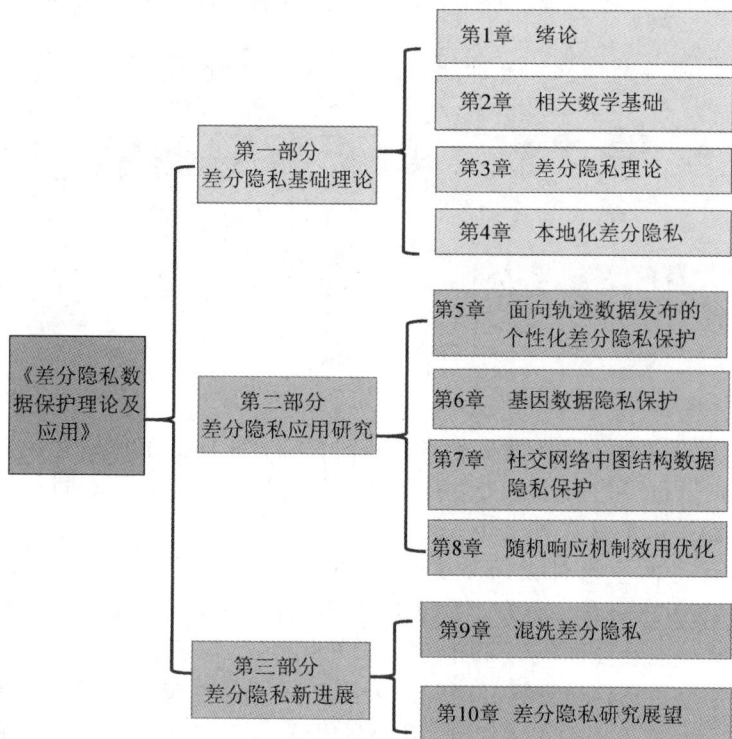

图 1-6 本书框架结构

需要说明的是，对于第 2 章相关数学基础知识部分，读者可以先粗略翻阅本章内容，待阅读到第一部分第 3 章差分隐私基础理论及第二部分差分隐私应用研究的章节，如果有需要可以再返回本章阅读。另外，为了读者阅读方便，第二部分各个应用主题的研究内容撰写时保持相对独立。

第 2 章　相关数学基础

差分隐私之所以自诞生以来就备受研究者们青睐，就是由于它建立在坚实的数学基础之上，对隐私保护进行了严格的定义并提供了量化评估方法，使得不同参数处理下的数据集所提供的隐私保护水平具有可比性。

差分隐私是通过两个事件发生概率之间的比值来进行定义的，它常用的噪声机制 Laplace 加噪便是使用 Laplace 分布，在数据效用的度量中，使用期望和方差等随机变量的数字特征，在后文一些定理性质的证明过程中，也用到了若干重要不等式。

因此，为了使读者更容易理解后面的差分隐私理论及轨迹数据隐私、基因数据隐私及图结构数据隐私等各种应用的数学原理，本章将相关的概率论与数理统计基础知识归纳整理出来，主要包括概率、条件概率、随机变量、分布函数、概率密度、随机变量的数字特征、正态分布、Laplace 分布、指数分布和几个重要不等式等。

关于本章的阅读次序，建议根据个人的数学基础情况灵活决定。读者可以先粗略翻阅本章内容，待阅读到第一部分第 3 章差分隐私基础理论及第二部分差分隐私应用研究的章节，如果有需要可以再返回本章阅读。

2.1　随机事件与概率

差分隐私实现机制中加噪方法的本质是一个随机机制。为了更好地理解它，需要首先理解随机现象和随机事件。下面将给出概率论中的几个相关概念。

2.1.1　几个基本概念

定义 2.1(随机现象)　在一定条件下，在个别试验中其结果呈现不确定性，但在大量重复试验中其结果又具有统计规律性的现象，我们称之为**随机现象**。

概率论与数理统计是研究与揭示随机现象统计规律性的一门数学学科。

定义 2.2(随机试验)　随机试验是在相同条件下对某随机现象进行的大量重复观测，是开展统计分析的基础。它具有以下特征：可重复性、明确性、随机性。

本书中提到的试验都是指随机试验。我们就是通过随机试验来研究随机现象的。

定义 2.3(样本空间)　随机试验 E 的所有可能结果组成的集合称为 E 的**样本空间**，记为 Ω。样本空间的元素，即 E 的每个结果，称为**样本点**。

定义 2.4(随机事件)　随机事件是随机现象中一组基本结果组成的集合，简称为"事件"，通常用大写字母 A，B，C，⋯表示。

由样本空间 Ω 中的单个元素组成的子集称为**基本事件**。而样本空间 Ω 包含所有的样本点，它是 Ω 自身的子集，在每次试验中它总是发生的，称为**必然事件**。空集 $\varnothing$ 不包含任何样本点，它作为样本空间 Ω 的最小子集，在每次试验中都不发生，称为不可能事件。

事件是一个集合，因而事件之间的关系与事件的运算按照集合论中集合之间的关系和集合运算来处理。若有事件 A 和 B，$A \cap B = \varnothing$，则称事件 A 与 B 是**互不相容**的，或互斥的。若有事件 A 和 B，$A \cup B = \Omega$ 且 $A \cap B = \varnothing$，则称事件 A 和 B 互为**逆事件**，又称 A 和 B 互为**对立事件**。这指的是对每次试验而言，事件 A 和 B 中必有一个发生，且仅有一个发生。A 的对立事件记为 $\overline{A}$，且有等式 $\overline{A} = \Omega - A$ 成立。

例 2.1　扔一枚质地均匀的硬币观察其出现的面，其样本空间为 $\Omega = \{\omega_1, \omega_2\}$，其中 ω_1 表示正面(数字面)朝上，ω_2 表示背面朝上。

例 2.2　掷一颗骰子，观察其朝上一面的点数，该事件的样本空间记为 $\Omega = \{\omega_1, \omega_2, \cdots, \omega_6\}$，其中 ω_i 表示出现 i 点，$i = 1, 2, \cdots, 6$，于是，$\Omega = \{1, 2, \cdots, 6\}$。

▶▶▶ 2.1.2　概率

定义 2.5(概率)　设 E 是随机试验，Ω 是它的样本空间，对于 E 的每一事件 A 发生的可能性大小赋予一个实数，称为事件的概率，记为 $P(A)$。

在概率论发展史上，人们曾针对不同的问题，从不同的角度给出了概率定义和计算的各种方法，在哲学上也有许多争论，下面做简要介绍。

1. 概率的统计定义

设 E 为一随机试验，A 为其中任一事件，在相同的条件下，把 E 独立重复 n 次，如果其中事件 A 共发生 m 次，则称

$$F(A) = \frac{m}{n}$$

为事件 A 发生的**频率**，其中 m 称为事件 A 出现的**频数**。易知频率具有下述基本性质：

(1) 非负性：$F(A) \geqslant 0$；

(2) 规范性：对于必然事件 Ω，$F(\Omega) = 1$；

(3) 可加性：若 $A \cap B = \varnothing$，则 $F(A \cup B) = F(A) + F(B)$。

虽然随机现象在一次观测中，其结果难以事先肯定，但在多次重复观测时，就会呈现自身固有的某种规律性，即频率具有**稳定性**。这种表征在一定条件下事件 A 发生可能性大小的频率稳定值称为事件 A 的概率，记作 $P(A)$。

作为频率的稳定值，概率 $P(A)$ 也具有相应的 3 条性质：

(1) 非负性：对于每一个事件 A，$0 \leqslant P(A) \leqslant 1$；

(2) 规范性：对于必然事件 Ω，$P(\Omega) = 1$；

(3) 可加性：若 $A \cap B = \varnothing$，则 $P(A \cup B) = P(A) + P(B)$。

根据定义，可以推得概率的一些重要性质如下：

(1) $P(\varnothing)=0$；

(2) 若 A 和 B 为两个事件，且 $A \subset B$，则 $P(B-A)=P(B)-P(A) \geqslant 0$；

(3) 对任意 n 个事件 $A_1, A_2, \cdots, A_n$，有

$$P(A_1 \bigcup A_2 \bigcup \cdots \bigcup A_n) \leqslant P(A_1)+P(A_2)+\cdots P(A_n)$$

(4) 对于任意两个事件 A 和 B，有 $P(A \bigcup B)=P(A)+P(B)-P(A \bigcap B)$。

2. 古典概型

对于某一随机试验 E，如果

(1) 样本空间 Ω 只含有有限个样本点，即 $\Omega=\{\omega_1, \omega_2, \cdots, \omega_n\}$；

(2) 各样本点出现的可能性都相等，

则称该随机试验 E 是**古典概型**的。

设随机试验 E 为古典概型试验，它的样本空间 Ω 包含 n 个样本点，随机事件 A 包含 k 个样本点，则称比值 $\dfrac{k}{n}$ 为随机事件 A 的概率，记作 $P(A)$ 或者 $\Pr(A)$，即

$$P(A)=\frac{k}{n}=\frac{A\text{ 中的样本点数}}{\Omega\text{ 中的样本点数}} \qquad (2-1)$$

3. 几何概型

古典概型定义中要求随机试验的样本空间 Ω 中的样本点有限且具有等可能性，但有时试验的样本点虽满足等可能性，但不满足有限性要求。具体来看以下关于打靶例子中的概率计算。

用枪打靶，假设打中靶上任一点的可能性是相同的。在一次射击中，射中图 2-1 中区域 A 的概率 $P(A)$，直观上可以用 A 的面积除以靶的面积(用 Ω 表示)来表示，即

$$P(A)=\frac{A\text{ 的面积}}{\text{靶的面积 }\Omega} \qquad (2-2)$$

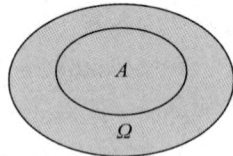

图 2-1　几何概型

以上打靶试验就是**几何试验**。几何试验的概率模型中，每个事件发生的概率只与构成该事件区域的长度(面积或体积或度数)成比例，则称这样的概率模型为**几何概率模型**，简称为**几何概型**。

2.2　条 件 概 率

2.2.1　背景及定义

在实际问题中，一般除了要知道 A 的概率 $P(A)$ 外，还需知道在"事件 B 已发生"这一条件下，事件 A 发生的概率，可以记为 $P(A|B)$。一般地说，由于增加了新的条件——"事件 B 已发生"，所以，$P(A)$ 与 $P(A|B)$ 不同。

其实，这里的 $P(A|B)$ 就是条件概率，下面给出具体的定义。

定义 2.6(条件概率) 设 A，B 是两个事件，且 $P(B)>0$，称

$$P(A\mid B)=\frac{P(AB)}{P(B)} \tag{2-3}$$

为在事件 B 发生的条件下事件 A 发生的**条件概率**。

$P(A)$ 与 $P(A\mid B)$ 的区别在于两者发生的条件不同，它们是两个不同的概念，在数值上一般也不同。

▶▶▶ 2.2.2 几个重要公式

设 A，B 为两个事件，$P(A)>0$，$P(B)>0$，则由条件概率的定义有

$$P(AB)=P(A\mid B)P(B) \tag{2-4}$$
$$P(AB)=P(B\mid A)P(A) \tag{2-5}$$

称以上两公式为概率的乘法公式。乘法公式很容易推广到多个事件的积事件的情况，一般地有下述定理。

定理 2.1(概率乘法公式) 设 A_1，A_2，$\cdots$，A_n 为 n 个事件，$n\geqslant 2$，且 $P(A_1A_2\cdots A_{n-1})>0$，则

$$P(A_1\cdots A_n)=P(A_1)P(A_2\mid A_1)P(A_3\mid A_1A_2)\cdots P(A_n\mid A_1\cdots A_{n-1}) \tag{2-6}$$

例 2.3 一批零件共有 100 个，其中有 10 个是不合格产品。从中一个一个无放回地取出，求第三次才取得不合格品的概率是多少？

解 将第 i 次取出的产品是不合格品记作事件 A_i，$i=\{1,2,3\}$，则本题所求的第三次才取得不合格品的概率为 $P(\overline{A}_1\overline{A}_2A_3)$。

由乘法公式得

$$P(\overline{A}_1\overline{A}_2A_3)=P(\overline{A}_1)P(\overline{A}_2\mid\overline{A}_1)P(A_3\mid\overline{A}_1\overline{A}_2)$$
$$=\frac{90}{100}\times\frac{89}{99}\times\frac{10}{98}$$
$$=0.0826$$

定理 2.2(全概率公式) 设 A_1，A_2，$\cdots$ 为一组两两互不相容的事件，且 $\bigcup_{i=1}^{\infty}A_i=\Omega$，$P(A_i)>0$，$i=1,2,\cdots$。则对任一事件 A，有

$$P(A)=\sum_{i=1}^{\infty}P(A_i)P(A\mid A_i) \tag{2-7}$$

全概率公式可理解为事件 A 的发生是由若干个独立原因 A_1，A_2，$\cdots$ 引起的。

例 2.4 保险公司认为某险种的投保人可分成两类：一类为容易出事故者，另一类为安全者。统计表明：一个易出事故者在一年内发生事故的概率为 0.4，而安全者这个概率则减少为 0.1。若假定第一类投保人占此险种投保人的比例为 20%。现有一个新的投保人来投此险种，问该投保人在购买保单后一年内将出事故的概率有多大？

解 用事件 A 表示投保人在一年内将出事故，事件 B 表示该投保人为第一类人，则事件 $\overline{B}$ 表示该投保人为第二类人，且 $P(\overline{B})=1-0.2=0.8$。由全概率公式可计算出该投保人在购买保单后一年内将出事故的概率：

$$P(A) = P(B)P(A \mid B) + P(\bar{B})P(A \mid \bar{B})$$
$$= 0.2 \times 0.4 + 0.8 \times 0.1$$
$$= 0.16$$

定理 2.3(贝叶斯(Bayes)公式) 设 A_1, A_2, … 为有限或无穷多个互不相容的事件，$\overset{\infty}{\underset{i=1}{\cup}} A_i = \Omega$, $P(A_i) > 0$, $i = 1, 2, \cdots$, 则对任一事件 A, $P(A) > 0$, 有

$$P(A_n \mid A) = \frac{P(A \mid A_n)P(A_n)}{\sum\limits_{i=1}^{\infty} P(A_i)P(A \mid A_i)}, \quad n = 1, 2, \cdots \qquad (2-8)$$

例 2.5 某地区居民的肝癌发病率为 0.0004。现用甲胎蛋白化验针对自然人群进行普查。已知患有肝癌的人其化验结果 99% 呈阳性(患病)，而没患肝癌的人其化验结果 99.9% 呈阴性(无病)。现某人的检验结果呈阳性，问他真的患肝癌的概率是多少?

解 事件 B 表示被检查者患有肝癌，事件 A 表示检查结果呈阳性，由题意可知，
$$P(B) = 0.0004, \quad P(A \mid B) = 0.99, \quad P(\bar{A} \mid \bar{B}) = 0.999$$
从而有 $P(\bar{B}) = 0.9996$, $P(A \mid \bar{B}) = 1 - 0.999 = 0.001$。现在目的是求 $P(B \mid A)$。由贝叶斯公式得

$$P(B \mid A) = \frac{P(B)P(A \mid B)}{P(B)P(A \mid B) + P(\bar{B})P(A \mid \bar{B})}$$
$$= \frac{0.0004 \times 0.99}{0.0004 \times 0.99 + 0.9996 \times 0.001} = 0.284$$

本题结果表明，虽然 $P(A \mid B) = 0.99$, $P(\bar{A} \mid \bar{B}) = 0.999$, 这两个概率都比较高，但若将此试验用于普查，则有 $P(B \mid A) = 0.284$。也就是说其正确性只有 28.4%(平均 1000 个具有阳性反应的人中大约只有 284 人的确患有癌症)。如果不注意这一点，将会经常得出错误的诊断。

定义 2.7(相互独立的事件) 设 A, B 是两个事件，如果具有等式
$$P(AB) = P(A)P(B) \qquad (2-9)$$
则称事件 A, B 为相互独立的事件。

2.3 随机变量及分布函数

为了全面地研究随机试验的结果，揭示客观存在的统计规律性，我们将随机试验的结果与实数对应起来，将随机试验的结果数量化，引入随机变量的概念。

2.3.1 随机变量

随机变量是用来描述随机试验结果的变量，具体定义如下:

定义 2.8(随机变量) 对任意样本点 ω, 存在唯一实数 x 使得 $X(\omega) = x$, 则称 $X = X(\omega)$ 为**随机变量**，通常用大写字母 X, Y, Z, … 表示随机变量，有的也用希腊字母 ξ, η, ζ …

等表示。随机变量的值通常用小写字母 x，y，z，…表示。

需要注意的是，随机变量这一术语有些模糊，而称之为"随机函数"则更合适一些，也就是随机变量是定义在样本空间上的函数，其自变量为样本空间中的点，也就是一次试验的结果。

有了随机变量，我们就可以用随机变量来表达随机事件，进而可以用数学方法（分析方法）来研究随机试验。随机变量是研究随机试验的有效工具。

2.3.2 随机变量的分布函数

如果随机变量 X 只能取有限个或至多可列个值，并以各种确定的概率取这些不同的值，则称 X 为**离散型随机变量**。例如抛硬币可能的情况、某电话交换台一分钟之内收到的呼叫次数都是离散型随机变量。

设离散型随机变量 X 所有可能取的值为 $x_i (i=1，2，\cdots)$，X 取各个可能值的概率为

$$P(X=x_i)=p_i, i=1，2，\cdots \tag{2-10}$$

由概率的定义，p_i 满足条件 $p_i \geqslant 0$，$i=1，2，\cdots$ 和 $\sum\limits_{i=1}^{\infty} p_i = 1$，我们称式（2-10）为离散型随机变量 X 的**概率分布**或**分布律**。

对于非离散型随机变量 X，由于其可能取的值不能一个一个地列举出来，因而就不能像离散型随机变量那样可以用分布律来描述它。在实际中，对于这样的随机变量，例如误差和元件的寿命等，我们并不会对误差 $\partial = 0.02$ mm、寿命 $t = 1352.5$ h 的概率感兴趣。而是考虑误差落在某个区间内的概率、寿命大于某个数的概率。因此转而去研究随机变量所取的值落在一个区间内的概率：$P(x_1 < X \leqslant x_2)$。

但由于 $P(x_1 < X \leqslant x_2) = P(X \leqslant x_2) - P(X \leqslant x_1)$，所以只需知道 $P(X \leqslant x_2)$ 和 $P(X \leqslant x_1)$ 就可以了。

虽然对于离散型随机变量可以用分布律全面描述，但为了从数学上能统一对随机变量进行研究，可以引入统一的概念——随机变量的分布函数。

定义 2.9（分布函数） 设 X 是一个随机变量，x 是任意实数，函数

$$F(x) = P(X \leqslant x) \tag{2-11}$$

称为 X 的**分布函数**。有了该定义，我们可以说随机变量 X 服从分布函数 $F(x)$，记为 $X \sim F(x)$。

若已知 X 的分布函数，我们就知道 X 落在任一区间 $(a，b]$ 上的概率，从这个意义上来说，分布函数完整地描述了随机变量的统计规律性。

分布函数是一个普通的函数，因此通过它能用数学分析的方法来研究随机变量。

2.3.3 连续型随机变量的概率密度

定义 2.10（概率密度） 设随机变量 X 的分布函数为 $F(x)$，如果存在非负可积函数 $f(x)$，使得对任意实数 x，有

$$F(x) = \int_{-\infty}^{x} f(t) \mathrm{d}t \tag{2-12}$$

则称 X 为**连续型随机变量**，其中函数 $f(x)$ 为连续型随机变量 X 的**概率密度函数**，简称**概率密度**。

连续随机变量的密度函数满足以下基本性质：

（1）$f(x) \geqslant 0$；

（2）$\int_{-\infty}^{+\infty} f(x)\mathrm{d}x = 1$；

（3）若 $f(x)$ 在点 x 处连续，则有 $F'(x) = f(x)$；

（4）$P(x_1 < X \leqslant x_2) = P(X \leqslant x_2) - P(X \leqslant x_1) = F(x_2) - F(x_1) = \int_{x_1}^{x_2} f(x)\mathrm{d}x \, (x_1 \leqslant x_2)$。

2.4　随机变量的数字特征

如前所述，分布函数 $F(x)$ 能全面描述随机变量 X 取值的统计规律。但是，在实际问题中求分布函数的确并不是一件容易的事，而且有时我们也不需要知道分布函数，只需知道随机变量的某些数字特征就够了。例如，评价粮食产量，只关注平均产量；研究水稻品种优劣，只关注每株平均粒数；评价某班成绩，只关注平均分数和偏离程度；评价射击水平，只关注平均命中环数和偏离程度。

从上面的例子可以看出，与随机变量有关的某些数值，虽然不能完整地描述随机变量，但能描述随机变量在某些方面的重要特征。这些数字特征在理论和实践上都具有重要的意义。本节将简要介绍随机变量的基本数字特征：数学期望和方差。

2.4.1　数学期望

定义 2.11（数学期望）　设离散型随机变量 X 的分布律是 $P(X = x_i) = p_i$，$i = 1, 2,$ $\cdots$，如果级数 $\sum_{i=1}^{\infty} x_i p_i$ 绝对收敛，则称级数 $\sum_{i=1}^{\infty} x_i p_i$ 的和为随机变量 X 的**数学期望**，记为 $E(X)$，即

$$E(X) = \sum_{i=1}^{\infty} x_i p_i \tag{2-13}$$

设连续型随机变量 X 的概率密度函数是 $f(x)$，如果积分 $\int_{-\infty}^{\infty} x f(x)\mathrm{d}x$ 绝对收敛，则称积分 $\int_{-\infty}^{\infty} x f(x)\mathrm{d}x$ 的值为随机变量 X 的**数学期望**，记为 $E(X)$，即

$$E(x) = \int_{-\infty}^{\infty} x f(x)\mathrm{d}x \tag{2-14}$$

数学期望简称**期望**，又称为**均值**。

例 2.6　某灯泡厂生产一批灯泡，其寿命及对应的概率情况如下表所示，试求该厂所生产灯泡的平均寿命。

灯泡寿命/h	800	900	1000	1100	1200
概率	0	0.1	0.6	0.2	0.1

解　根据题意，将灯泡的寿命作为随机变量 X，灯泡的平均寿命就是随机变量 X 的数学期望 $E(X)$。

由期望的定义有，

$$E(X) = (800 \times 0 + 900 \times 0.1 + 1000 \times 0.6 + 1100 \times 0.2 + 1200 \times 0.1)\ \text{h}$$
$$= 1030\ \text{h}$$

例 2.7　某新产品在未来市场上的占有率是在区间 $(0,1)$ 上取值的随机变量，它的概率密度函数为

$$f(x) = \begin{cases} 4(1-x)^3, & 0 < x < 1 \\ 0, & \text{其他} \end{cases}$$

试求该产品平均市场占有率。

解　这里的市场平均占有率就是 $E(X)$。

$$E(X) = \int_0^1 4x(1-x)^3 \mathrm{d}x = \int_0^1 (4x - 12x^2 + 12x^3 - 4x^4)\mathrm{d}x = \frac{1}{5}$$

数学期望具有以下性质：

(1) 设 C 是常数，则有 $E(C) = C$。

(2) 设 X 是一个随机变量，C 是常数，则 $E(CX) = CE(X)$。

(3) 设 X，Y 是两个随机变量，则 $E(X+Y) = E(X) + E(Y)$。

(4) 设 X，Y 是两个相互独立的随机变量，则 $E(XY) = E(X)E(Y)$。

2.4.2　方差

定义 2.12（方差）　设 X 是一个随机变量，若 $E\{[X-E(X)]^2\}$ 存在，则称 $E\{[X-E(X)]^2\}$ 为 X 的**方差**，记为 $D(X)$ 或 $\mathrm{Var}(X)$，即

$$D(X) = \mathrm{Var}(X) = E\{[X - E(X)]^2\} \tag{2-15}$$

称随机变量 X 方差的正平方根 $\sqrt{D(X)}$ 为**标准差**或**均方差**，记为 $\sigma(X)$。

因此，对于离散型随机变量和连续型随机变量的方差，有以下不同的表达式：

(1) 设 X 是离散型随机变量，则方差 $\mathrm{Var}(X) = \sum_{i=1}^{\infty} (x_i - E(X))^2 P(x_i)$；

(2) 设 X 是连续型随机变量，则方差 $\mathrm{Var}(X) = \int_{-\infty}^{+\infty} (x - E(X))^2 p(x)\mathrm{d}x$。

方差是一个常用来体现随机变量 X 取值分散程度的量。如果 $D(X)$ 值大，表示 X 取值分散程度大，以 $E(X)$ 作为随机变量的代表性差；而如果 $D(X)$ 值小，则表示 X 的取值比较集中，以 $E(X)$ 作为随机变量的代表性好。

方差具有以下性质：

(1) 设 C 是常数，则 $D(C) = 0$。

(2) 设 X 是一个随机变量，C 是常数，则有

$$D(CX) = C^2 D(X)$$

(3) 设 X，Y 是两个相互独立的随机变量，则有

$$D(X+Y)=D(X)+D(Y)$$

（4）$D(X)=0$ 的充要条件是 X 以概率 1 取常数 C，即

$$P(X=C)=1$$

显然，这里 $C=E(X)$。

例 2.8　在例 2.6 基础上求该灯泡厂所生产的灯泡寿命的方差。

解　根据题意，将灯泡的寿命作为随机变量 X。据例 2.6 计算可得 $E(X)=1030$ h，再根据方差的定义，可得甲厂生产灯泡寿命的方差为

$$\text{Var}(X)=0.1\times(900-1030)^2+0.6\times(1000-1030)^2+0.2\times$$
$$(1500-1030)^2+0.1\times(1200-1030)^2$$
$$=49\,300$$

例 2.9　已知某均匀分布的概率密度函数为

$$f(x)=\begin{cases}\dfrac{1}{2}, & -1<x<1\\ 0, & \text{其他}\end{cases}$$

请计算均匀分布的方差。

解
$$E(X)=\int_{-1}^{1}\frac{1}{2}x\,\mathrm{d}x=0$$

根据方差定义可知

$$\text{Var}(X)=\int_{-1}^{1}\frac{1}{2}x^2\,\mathrm{d}x=\frac{1}{3}$$

2.5　正态分布（高斯分布）

正态分布概念是由法国数学家棣莫弗（Abraham de Moivre）于 1733 年首次提出的，但由于德国数学家 Gauss 率先将其应用于天文学研究，故正态分布又叫高斯分布，高斯的这项工作对后世的影响极大，他使正态分布同时有了"高斯分布"的名称。"高斯分布"是一种连续概率分布。

2.5.1　定义

定义 2.13（高斯分布）　若随机变量 X 服从一个位置参数为 μ、尺度参数为 σ 的概率分布，且其概率密度函数为

$$f(x)=\frac{1}{\sqrt{2\pi}\,\sigma}\mathrm{e}^{-\frac{(x-\mu)^2}{2\sigma^2}},\quad -\infty<x<+\infty \tag{2-16}$$

则这个随机变量 X 就称为**正态随机变量**，正态随机变量服从的分布就称为**正态分布**或**高斯(Gauss)分布**，记作 $X\sim N(\mu,\sigma^2)$，其中参数 $-\infty<\mu<+\infty$，$\sigma>0$。正态分布的概率密度曲线如图 2-2 所示。

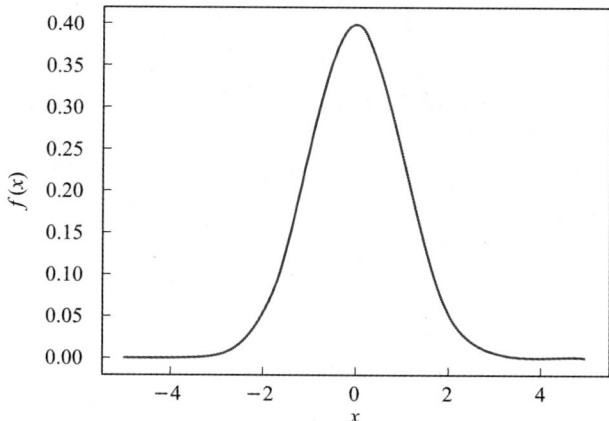

图 2-2　正态分布概率密度函数的示意图

正态分布曲线是一条中间高、两端逐渐下降且完全对称的钟形曲线。μ 是正态分布的位置参数，描述正态分布的集中趋势位置，正态分布以 $X=\mu$ 为对称轴，左右完全对称。σ 描述正态分布数据分布的离散程度，σ 越大，曲线越扁平，反之，σ 越小，曲线越瘦高。

相应地，正态分布 $N(\mu,\sigma^2)$ 的分布函数为

$$F(x)=\frac{1}{\sqrt{2\pi}\,\sigma}\int_{-\infty}^{x}\mathrm{e}^{-\frac{(t-\mu)^2}{2\sigma^2}}\mathrm{d}t \qquad (2-17)$$

当 $\mu=0$，$\sigma=1$ 时，正态分布 $N(0,1)$ 就成为**标准正态分布**。标准正态分布的密度函数为 $\varphi(u)$，分布函数为 $\Phi(u)$，则

$$\varphi(u)=\frac{1}{\sqrt{2\pi}}\mathrm{e}^{-\frac{u^2}{2}},\ -\infty<u<+\infty \qquad (2-18)$$

$$\Phi(u)=\frac{1}{\sqrt{2\pi}}\int_{-\infty}^{u}\mathrm{e}^{-\frac{t^2}{2}}\mathrm{d}t,\ -\infty<u<+\infty \qquad (2-19)$$

▶▶ 2.5.2　性质

正态分布具有以下性质：

(1) 如果 $X\sim N(\mu,\sigma^2)$，且 a 与 b 是实数，那么 $aX+b\sim N(a\mu+b,a^2\sigma^2)$；

(2) 设 $X\sim N(\mu,\sigma^2)$，则 $E(X)=\mu$，$D(X)=\sigma^2$。

2.6　Laplace 分布

拉普拉斯(Laplace)分布最早是由著名数学家拉普拉斯于 1774 年发现的。有时又称它为第一型拉普拉斯分布，而正态分布则叫作第二型拉普拉斯分布。Laplace 分布是一种连续概率分布。

▶▶ 2.6.1　定义

定义 2.14(Laplace 分布)　如果连续随机变量 X 的概率密度函数是

$$f(x)=\frac{\mathrm{e}^{-\frac{|x-\mu|}{b}}}{2b},\ -\infty<x<+\infty \tag{2-20}$$

具体地，Laplace 分布的概率密度函数是

$$f(x)=\begin{cases}\dfrac{\mathrm{e}^{\frac{x-\mu}{b}}}{2b}, & x<\mu\\[3mm]\dfrac{\mathrm{e}^{-\frac{x-\mu}{b}}}{2b}, & x\geqslant\mu\end{cases} \tag{2-21}$$

则称连续随机变量 X 服从位置参数为 μ 和尺度参数为 b 的 **Laplace 分布**，记作 $X\sim\mathrm{Lap}(\mu,b)$，$-\infty<\mu<+\infty$，$b>0$。Laplace 分布的概率密度曲线如图 2-3 所示。

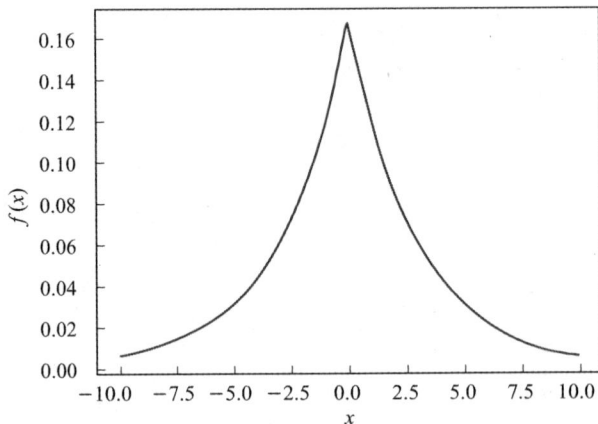

图 2-3　Laplace 分布概率密度曲线示意图

拉普拉斯分布的密度函数关于 $x=\mu$ 对称，且在该点达到极大值 $\frac{1}{2b}$。b 越小，曲线越陡，b 越大曲线越平坦。

Laplace 分布 $\mathrm{Lap}(\mu,b)$ 的分布函数为

$$F(x)=\begin{cases}\dfrac{\mathrm{e}^{\frac{x-\mu}{b}}}{2}, & x<\mu\\[3mm]1-\dfrac{\mathrm{e}^{-\frac{x-\mu}{b}}}{2}, & x\geqslant\mu\end{cases} \tag{2-22}$$

▶▶ 2.6.2　性质

Laplace 分布具有以下性质：
(1) 设 $X\sim\mathrm{Lap}(0,1)$，$Y=bX+\mu$，则 $Y\sim\mathrm{Lap}(\mu,b)$。
(2) 设 $X\sim\mathrm{Lap}(\mu,b)$，则 $E(X)=\mu$，$\mathrm{Var}(X)=2b^2$。

2.7　指　数　分　布

指数分布可以用来表示独立随机事件发生的时间间隔,比如旅客进机场的时间间隔、中文维基百科新条目出现的时间间隔等。许多电子产品的寿命分布一般服从指数分布。有的系统的寿命分布也可用指数分布来近似。指数分布在可靠性研究中是最常用的一种分布形式,也是一种连续概率分布。

▶▶ 2.7.1　定义

定义 2.15(指数分布)　若随机变量 X 具有概率密度函数

$$f(x) = \begin{cases} \lambda e^{-\lambda x}, & x > 0 \\ 0, & x \leqslant 0 \end{cases} \tag{2-23}$$

则称 X 服从**参数为 λ 的指数分布**,指数分布的区间是 $[0, +\infty)$。其中 $\lambda > 0$, λ 常称为**率参数**(rate parameter),即每单位时间内发生某事件的次数。指数分布的概率密度曲线如图 2-4 所示。λ 越大,曲线越陡峭,λ 越小,曲线越平缓。

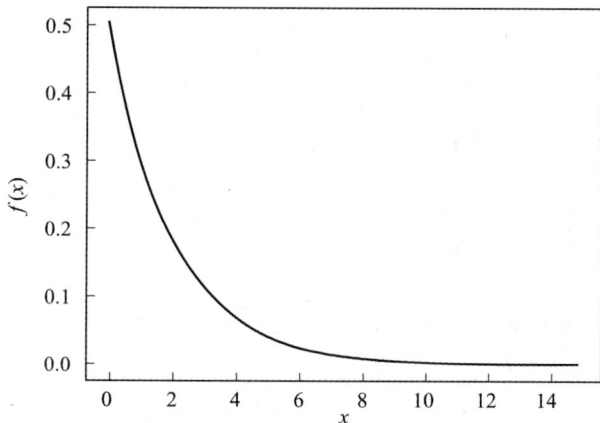

图 2-4　指数分布概率密度曲线示意图

指数分布的分布函数如下:

$$F(x) = \begin{cases} 1 - e^{-\lambda x}, & x \geqslant 0 \\ 0, & x < 0 \end{cases} \tag{2-24}$$

如果一个随机变量 X 服从参数为 λ 的指数分布,则可以写作: $X \sim E(\lambda)$,期望值为

$$E(X) = \frac{1}{\lambda} \tag{2-25}$$

方差为

$$D(X) = \mathrm{Var}(X) = \frac{1}{\lambda^2} \tag{2-26}$$

▶▶ 2.7.2   性质

指数函数的一个重要特征是无记忆性(Memoryless Property，又称遗失记忆性)。这表示如果一个随机变量呈指数分布，它的条件概率遵循以下公式：

$$P(T > s + t \mid T > t) = P(T > s), \quad s, t \geqslant 0$$

2.8   几个重要不等式

差分隐私应用过程中，在证明差分隐私机制的隐私-效用单调性、效用度量等过程中，会应用到若干个重要不等式。这里将主要介绍 Cauchy-Schwarz、Chebyshev、Chernoff Bound、Azuma's 不等式。

▶▶ 2.8.1   Cauchy-Schwarz 不等式

定理 2.4(Cauchy-Schwarz 不等式)   设 $(a_1, a_2, \cdots, a_n)$ 和 $(b_1, b_2, \cdots, b_n)$ 是实数序列，那么

$$\left(\sum_{i=1}^{n} a_i b_i\right)^2 \leqslant \sum_{i=1}^{n} a_i^2 \times \sum_{i=1}^{n} b_i^2 \tag{2-27}$$

其中，等号成立当且仅当存在 $k \in R$ 使得 $\forall i \in \{1, 2, \cdots, n\}$，$a_i = k b_i$。

注：Cauchy-Schwarz 不等式被认为是数学中最重要的不等式之一，此定理可用于数平方和的形式与一次方求和形式之间的相互转化。

▶▶ 2.8.2   Chebyshev 不等式

定理 2.5(Chebyshev 不等式)   设 $(a_1, a_2, \cdots, a_n)$ 和 $(b_1, b_2, \cdots, b_n)$ 是实数序列，如果 $a_1 \leqslant a_2 \leqslant \cdots \leqslant a_n$，且 $b_1 \leqslant b_2 \leqslant \cdots \leqslant b_n$，那么

$$\sum_{i=1}^{n} a_i b_i \geqslant \frac{1}{n} \sum_{i=1}^{n} a_i \times \sum_{i=1}^{n} b_i \tag{2-28}$$

注：Chebyshev 不等式也叫作排序不等式，此定理可以用于比较两组数积的和及两组数的线性和的积的大小。

▶▶ 2.8.3   Chernoff Bound

定理 2.6(Additive Chernoff Bound) $X_1, X_2, \cdots, X_m$ 表示有界的独立随机变量，且对 $\forall i$ 都有 $0 \leqslant X_i \leqslant 1$。$S = \frac{1}{m} \sum_{i=1}^{m} X_i$ 表示这些概率的均值，且 $\mu = E(S)$ 表示期望的均值，则

$$\Pr(S > \mu + \varepsilon) \leqslant e^{-2m\varepsilon^2} \tag{2-29}$$

$$\Pr(S < \mu - \varepsilon) \leqslant e^{-2m\varepsilon^2} \tag{2-30}$$

定理 2.7（Multiplicative Chernoff Bound）　X_1，X_2，$\cdots$，X_m 表示有界的独立随机变量，且对 $\forall i$ 都有 $0 \leqslant X_i \leqslant 1$。$S = \dfrac{1}{m} \sum\limits_{i=1}^{m} X_i$ 表示这些概率的均值，且 $\mu = E(S)$ 表示期望的均值，则

$$\Pr[S > (1 + \varepsilon)\mu] \leqslant e^{-m\mu\varepsilon^2/3} \tag{2-31}$$

$$\Pr[S < (1 - \varepsilon)\mu] \leqslant e^{-m\mu\varepsilon^2/2} \tag{2-32}$$

注：以上两个定理表明多个独立的随机变量的均值以较大概率在期望的均值附近。

2.8.4　Azuma's 不等式

定理 2.8（Azuma's 不等式）　设 f 是 m 个随机变量 X_1，X_2，$\cdots$，X_m 的一个函数，每个 X_i 都从集合 A_i 中取值，使得 $E(f)$ 是有界的。c_i 表示 X_i 对 f 的最大影响，即对 $\forall \alpha_i, \alpha_i' \in A_i$ 有

$$| E[f \mid X_1, X_2, \cdots, X_{i-1}, X_i = \alpha_i] - E[f \mid X_1, X_2, \cdots, X_{i-1}, X_i = \alpha_i'] | \leqslant c_i$$

则

$$\Pr[f(X_1, X_2, \cdots, X_m) \geqslant E(f) + t] \leqslant \exp\left(-\frac{2t^2}{\sum\limits_{i=1}^{m} c_i^2}\right) \tag{2-33}$$

注：该定理表明多个随机变量（不要求独立）的任意函数以较大概率在函数的期望附近。

本 章 小 结

　　本章将与差分隐私相关的概率论与数理统计基础知识归纳整理出来，主要包括概率、随机变量、分布函数、随机变量的数字特征、正态分布、Laplace 分布、指数分布和几个重要不等式等基本概念和基本定理，使读者相对更容易理解后续内容所涉及的差分隐私理论及应用背后的数学原理。不过本章所涉及的性质和定理本书未给出详细分析和证明，如果读者感兴趣，建议阅读相关概率论与数理统计方面的专业书籍。

　　最后有两点情况需要补充说明：一是除了本章涉及的概率论与数理统计基础知识外，差分隐私的各种应用场景中还会利用其他的数学基础理论知识，例如矩阵方面的知识和图论的相关知识等，考虑到读者阅读的便捷性，我们不在本章统一讲解，将在涉及具体应用的章节进行必要补充；二是笔者所在团队已将《数据隐私保护的数学基础》一书列入《数据安全与隐私保护》丛书的出版计划，届时读者可以系统地学习数据隐私保护的相关数学基础知识。

第3章　差分隐私理论

差分隐私(Differential Privacy，DP)是 Cynthia Dwork 在 2006 年针对统计数据库的隐私泄露问题首次提出的隐私保护模型，是一种基于数据失真的隐私保护技术。之前的数据加密技术和数据匿名技术普遍存在两个主要的缺陷，一是需要特殊的背景知识和攻击假设，二是无法提供一个有效且严格的数学基础方法来证明其隐私保护水平。而差分隐私并不关心攻击者拥有了多少背景知识，即使攻击者已掌握除某一条记录之外的其他所有信息记录，该记录的隐私也无法被泄露。由于其坚实的数学基础，差分隐私一经提出就受到了国内外研究者的关注，并不断被应用于其他领域的隐私保护中，逐渐成为隐私保护领域的一个研究热点，同时迅速被业界认可。

本章重点讲述差分隐私基本理论，包括差分隐私的定义(突出强调概念的理解)、隐私预算概念、敏感度、差分隐私的性质、实现机制和差分隐私的度量。

3.1　差分隐私的基本思想

先看一个利用背景知识进行隐私泄露的例子。

例 3.1　假如要对 A 地几种不同疾病类型的患病人数的数据进行收集，使得在查询的同时也要保证个体数据隐私不会泄露，这能否做到？

分析　先根据收集来的患病人数的数据绘制成柱状图。如果通过绘制的柱状图可以得出结论"A 地患有哮喘病的概率接近 1"，则王某的信息一旦存在于数据集中，根据现有掌握的背景知识：王某是 A 地的人，那么几乎可以确定王某患有哮喘病，从而泄露了王某的个体隐私。

再看一个例子。

假设数据拥有者想保护一个数据集 D 中 n 条记录的隐私。然而，攻击者拥有关于数据集 D 中除第 n 条记录以外的 $n-1$ 条记录的所有信息。这 $n-1$ 条记录可以被定义为背景知识。攻击者可以对数据集 D 进行查询，以获取有关 D 中 n 个记录的汇总信息。在比较查询结果与背景信息之间的差异后，攻击者可以很容易地识别记录 n 的信息。

差分隐私旨在抵御图 3-1 中的背景知识攻击。

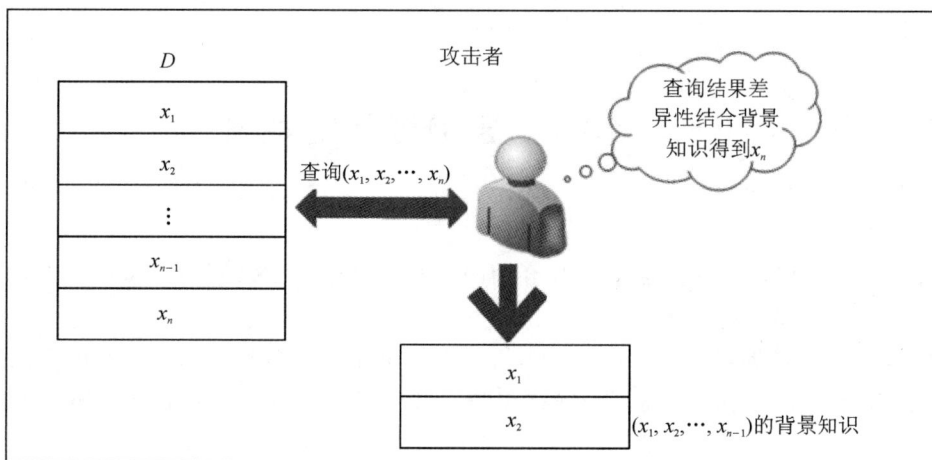

图 3-1　背景知识攻击模型

差分隐私抵御攻击的原理如图 3-2 所示。我们定义一个数据集 D'，D' 与 D 只相差一条记录（相邻数据集，下文将给出详细定义），比如此记录为 x_n。当攻击者在两个数据集上都进行查询 f 时，有很高的概率得到相同的结果。根据结果，攻击者不能确定 x_n 是否存在于 D 中。当攻击者无法区分 D 和 D' 上输出结果的差别时，那么 x_n 就是安全的。如果该属性适用于 D 中的所有记录，则数据集 D 就可以保护所有记录的隐私。

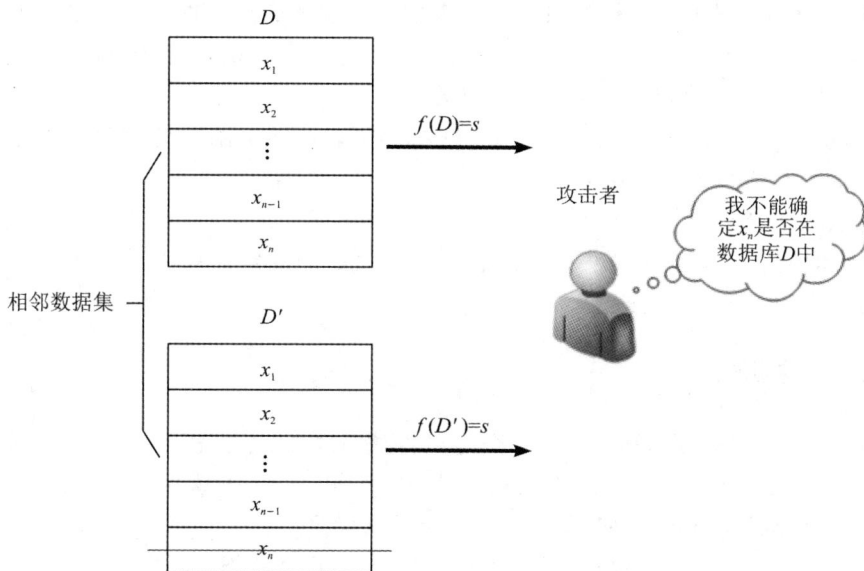

图 3-2　差分隐私抵御攻击的基本原理

在差分隐私机制下，数据拥有者不会直接发布一个数据集，而是公共用户向数据拥有者提交统计查询请求，数据拥有者响应他们的请求，发布的汇总结果不会透露太多关于数据集中任何单个记录的信息。对于一个具体的查询来说，其真实结果是唯一的，但其差分隐私结果是一个概率分布。数据集 D 和 D' 有很高的概率输出相同的结果，即实现了 D 和 D' 概率上的不可区分性，从而实现了隐私保护。

3.2 差分隐私的定义

在给出差分隐私定义之前，需要首先介绍两个相关概念：相邻数据集（Adjacent Databases）和随机算法（Random Algorithm）。

定义 3.1(相邻数据集) 在数据集 D 和 D' 中，除了某条数据记录外其他的数据都是相同的，那么数据集 D 和 D' 被称为**相邻数据集**，也叫**邻近数据集**。本书对这两个说法不作区分。

注：两个相邻数据集可能是某一条数据有差别，也可能是某条数据被删除或增加，这两种不同的理解分别对应下文的有界差分隐私和无界差分隐私。

在本书中，将汉明距离（Hamming Distance）作为相邻数据集的距离度量。汉明距离以美国数学家理查德·卫斯里·汉明的名字命名，表示两个相同长度的字符串在相同位置上不同字符的个数。用 $d(x,y)$ 来表示 x 和 y 两个字符串的汉明距离。对两个字符串进行异或运算，并统计结果为 1 的个数，那么这个数就是汉明距离。根据定义 3.1，相邻数据集 D 和 D' 的汉明距离 $d(D,D')=1$。

定义 3.2(随机算法) 随机算法是一种采用一定程度的随机性作为其逻辑的一部分的算法。解问题 P 的随机算法定义为：设 I 是问题 P 的一个实例，用算法解 I 的某些时刻，随机选取 $b \in I$，由 b 来决定算法的下一步动作。

也就是说，随机算法是在算法中使用了随机函数，且随机函数的返回值直接或者间接地影响算法的执行流程或执行结果。

随机算法的优点有：

(1) 执行时间和空间小于解决同一问题的已知最好的确定性算法；

(2) 实现比较简单，容易理解。

3.2.1 标准定义

定义 3.3((ε, δ)-差分隐私) 有一个随机算法 M，定义域记为 $\mathbf{N}^{|x|}$，令 $\text{Range}(M)$ 为 M 所有可能的输出结果构成的集合，则对于 $\mathbf{N}^{|x|}$ 中任意两个相邻数据集 D 和 $D'(d(D,D')=1)$ 以及 $\text{Range}(M)$ 的任一子集 S，均满足

$$\Pr[M(D) \in S] \leqslant e^{\varepsilon} \times \Pr[M(D') \in S] + \delta \qquad (3-1)$$

则称随机算法 M 是满足 (ε, δ)-**差分隐私的**。如果 $\delta=0$，我们称随机算法 M 是满足 ε-**差分隐私的**，其中参数 ε 称为隐私预算，那么式(3-1)可以写成如下等价的公式：

$$\frac{\Pr[M(D) \in S]}{\Pr[M(D' \in S)]} \leqslant e^{\varepsilon} \qquad (3-2)$$

注：① 以上定义也可以使用等价的另一种形式，即随机算法 M 的定义域为 $\mathbf{N}^{|x|}$，对所有 $y \in \text{Range}(M)$ 和满足任意两个相邻数据集 D 和 $D' \in \mathbf{N}^{|x|}$（$d(D, D')=1$）都有

$$P[M(D)=y] \leqslant e^{\varepsilon} P[M(D')=y] + \delta$$

则随机算法 M 满足 (ε, δ)-DP，若 $\varepsilon = 0$，则随机算法 M 满足 ε-DP。

② (ε, δ)-差分隐私定义表示：对于所有邻近数据集 D 和 D'，随机机制 M 以至少 $1-\delta$ 的概率满足 ε-差分隐私。

其中，隐私预算 ε 表示隐私保护水平，ε 越小隐私保护程度越高，一般取值为 0.01，0.1，ln2，ln3 等。可以看出差分隐私技术限制了任意一条记录对算法 M 输出结果的影响。该定义是从理论角度确保算法 M 满足 ε-差分隐私，而要实现差分隐私保护需要噪声机制的介入。

当 $\delta = 0$ 时，随机化机制 M 满足最严格的差分隐私定义。(ε, δ)-差分隐私也允许一些违反严格 ε-差分隐私定义的事件存在。ε-差分隐私通常被称为**纯差分隐私**，而 (ε, δ)-差分隐私 $(\delta > 0)$ 通常被称为**近似差分隐私**。本书将主要围绕 ε-差分隐私即纯差分隐私展开讨论。

由于差分隐私中的相邻数据集是指两个数据集中相差一条记录，即只有一条记录是不同的，根据相邻数据集的定义，对应两种不同的差分隐私概念：有界差分隐私和无界差分隐私。

定义 3.4（有界差分隐私）　有一个随机算法 M，定义域记为 $\mathbf{N}^{|x|}$，令 $\text{Range}(M)$ 为 M 所有可能的输出结果构成的集合，则对于 $\mathbf{N}^{|x|}$ 中任意两个相邻数据集 D 和 D'（其中 D' 是从数据库 D 中替换某一条记录得到的，$|D|=|D'|$）以及 $\text{Range}(M)$ 的任一子集 S，均满足

$$\Pr[M(D) \in S] \leqslant e^{\varepsilon} \times \Pr[M(D') \in S] + \delta$$

则称随机算法 M 满足 (ε, δ)-**有界差分隐私**。

定义 3.5（无界差分隐私）　有一个随机算法 M，定义域记为 $\mathbf{N}^{|x|}$，令 $\text{Range}(M)$ 为 M 所有可能的输出结果构成的集合，则对于 $\mathbf{N}^{|x|}$ 中任意两个相邻数据集 D 和 D'（其中 D' 是从数据库 D 中删除或者添加某一条记录得到的，$D = D' \cup \{t\}$ 或 $D = D' \backslash \{t\}$，$\{t\}$ 是数据集中相差的这一条记录）以及 $\text{Range}(M)$ 的任一子集 S，均满足

$$\Pr[M(D) \in S] \leqslant e^{\varepsilon} \times \Pr[M(D') \in S] + \delta$$

则称随机算法 M 满足 (ε, δ)-**无界差分隐私**。

▶▶▶ 3.2.2　定义解析

差分隐私是一种通过对输出真实值添加噪声来达到隐私保护效果的技术，保证了两相邻数据集在某随机算法下输出结果的不可区分性。该机制保护数据集中任意记录的隐私信息。差分隐私以其严格的数学定义为隐私的评价提供了理论依据。这里的 ε 就是"隐私预算"，它代表了隐私保护的程度。ε 越小，隐私保护程度越高。

我们可以假设随机算法 M 是一种查询机制。数据集 D 和 D' 是相邻数据集。无论个体是否存在于数据集中，该机制作用于数据集的输出结果变化都不大。如图 3-3 所示，对于特定的输出，相邻数据集 D 和 D' 上查询结果的概率的比值限定为 e^{ε}。

差分隐私的定义非常重要，也是证明随机机制满足差分隐私的有效方式。为了使读者

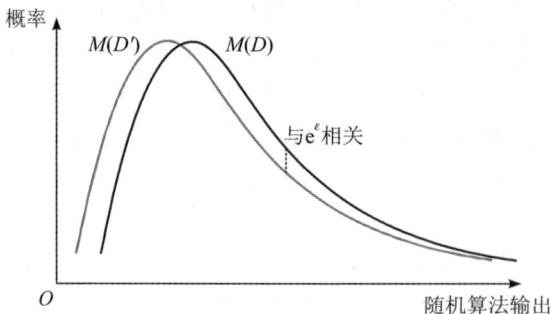

图 3-3 查询结果分布

更好地理解差分隐私的定义，将围绕以下 4 个问题进行详细解析。

问题 1：差分隐私保护的前提假设是什么？

差分隐私保护的前提假设有如下两点：

假设 1：数据管理者是可信的（如果该假设不成立，则需要使用本地化差分隐私，这个情况将在第 4 章进行专门讨论；

假设 2：攻击者能够获得除目标记录以外的所有其他记录的信息，即攻击者有一个对应的最大背景知识。

问题 2：如何理解相邻数据集？

在定义中，针对定义域中任意两个相邻数据集都有式（3-1）成立，也就是敏感的个人信息与系统的输出几乎完全不相关，因此用户可以确信处理其数据的组织不会侵犯他们的隐私。

差分隐私这样的保证足够强大，因为它符合现实世界的动机——个人没有动机不参与数据集，因为无论自己在不在数据集中，该数据集的分析者都将得出关于该人的相同结论。

问题 3：差分隐私到底保证了什么？差分隐私在极高程度上保证了隐私不被泄露吗？

差分隐私技术通过对原始数据进行随机化操作，使得原始数据中的个体信息变得不可区分，从而保护个体隐私，确保隐私不被泄露。它旨在提供一种当从统计数据库查询时，最大化数据查询的准确性，同时最大限度减少识别其记录的机会。简单地说，就是在保留统计学特征的前提下去除个体特征以保护用户隐私。差分隐私并非是在极高程度上保证隐私不被泄露，而是保证个体参与数据集与否不会增加其隐私被泄露的风险。

问题 4：差分隐私的总体目标是什么？

如果设计一个算法，不管你输入的是什么，它总是输出数字 0，那么这个算法也是满足差分隐私的。因为它的输出与输入压根没关系，当然不会泄露隐私。但是这样的算法没有可用性！其实大家真正关心的，是如何设计一个好的差分隐私机制，也就是如何让一个满足差分隐私的算法具有可用性。

"利用差分来加噪"这个说法本身就是不准确的，应该是反过来"利用噪声去实现差分隐私"。无论你有什么算法，总是可以加足够多的噪声（一个极端的例子，让它只输出噪声）让它满足差分隐私，但结果可能是你的算法不再具有可用性，或者可用性很差。

综上所述，差分隐私的总体目标是实现"最小化隐私泄露风险的同时，最大化数据的实用性"，平衡用户隐私保护和保证数据可用性之间的矛盾。

▶▶▶ 3.2.3 差分隐私概念小结

关于差分隐私的概念理解，可以概括为如下几点：

（1）差分隐私保护是基于数据失真的隐私保护技术，它的基本思想是对原始数据、原始数据的转换或者是对统计结果添加噪声使敏感数据失真，但同时保持某些数据或数据属性不改变，从而达到隐私保护的效果；

（2）隐私披露风险与攻击者所具有的背景知识无关；

（3）隐私保护所添加的噪声量不随数据集的增大而增加，保证了个体参与数据集与否不会增加隐私被泄露的风险；

（4）差分隐私的总体目标是实现"最小化隐私泄露风险的同时，最大化数据的实用性"，平衡用户隐私保护和保证数据可用性之间的矛盾。

3.3 差分隐私的性质

差分隐私具有后处理（Post-Processing）、群组隐私（Group Privacy）、序列组合（Sequential Composition）和并行组合（Parallel Composition）的性质。

定理 3.1（后处理） 如果 $M: X^k \rightarrow \mathbf{R}$ 是满足 (ε, δ)-差分隐私的随机算法，并且 $f: \mathbf{R} \rightarrow \mathbf{R}'$ 是一个随机映射，那么 $f \circ M: X^k \rightarrow \mathbf{R}'$ 是满足 (ε, δ)-差分隐私的。

证明 设任意一对相邻数据库 x, y 满足 $\|x-y\|_1 \leqslant 1$，且任意事件 $S \subseteq \mathbf{R}'$，设 $T = \{r \in \mathbf{R}: f(r) \in S\}$，则

$$\Pr[f(M(x) \in S)] = \Pr[M(x) \in T] \leqslant \exp(\varepsilon)\Pr[M(y) \in T] + \delta$$
$$= \exp(\varepsilon)\Pr[f(M(y)) \in S] + \delta$$

证毕。

定理 3.2（群组隐私） M 是满足 $(\varepsilon, 0)$-差分隐私的随机算法，对于群组内所有 $x, y \in \mathbf{N}^{|X|}$ 且 $\|x-y\|_1 \leqslant k$ 的数据集，对所有 $S \subseteq \text{Range}(M)$，有

$$\Pr[M(x) \in S] \leqslant e^{k\varepsilon}\Pr[M(y) \in S] \tag{3-3}$$

成立，也就是说这个机制 M 是满足 $(k\varepsilon, 0)$-群组差分隐私的。

证明 因为 $\|x-y\|_1 \leqslant k_1$ 所以存在 $x_1, x_2, \cdots, x_{k-1}$ 使得 $\|x-x_1\|_1 \leqslant 1, \cdots,$ $\|x_i-x_{i+1}\|_1 \leqslant 1, \cdots, \|x_{k-1}-y\|_1 \leqslant 1$。

由于机制 M 满足 $(\varepsilon, 0)$-差分隐私，因此以下不等式成立。

$$\Pr[M(x) \in S] \leqslant \exp(\varepsilon)\Pr[M(x_1) \in S]$$
$$\leqslant \exp(\varepsilon)[\exp(\varepsilon)\Pr[M(x_2) \in S]]$$
$$\leqslant \exp((i+1)\varepsilon)\Pr[M(x_{i+1}) \in S]$$
$$\leqslant \exp(k\varepsilon)\Pr[M(y) \in S]$$

证毕。

推论 3.1 M 是满足(ε,δ)-差分隐私的随机算法,对于群组内所有 $x,y\in\mathbf{N}^{|X|}$,且 $\|x-y\|_1\leqslant k$ 的数据集对所有 $S\subseteq\mathrm{Range}(M)$,有

$$\Pr[M(x)\in S]\leqslant e^{k\varepsilon}\Pr[M(y)\in S]+ke^{(k-1)\varepsilon}\delta$$

也就是说,这个机制 M 是满足$(k\varepsilon,ke^{(k-1)\varepsilon}\delta)$-差分隐私的。

定理 3.3(序列组合性) 如果 $M_i:\mathbf{N}^{|X|}\to R_i(i=1,2,\cdots,t)$满足$(\varepsilon_i,0)$-差分隐私。定义 $M(x):\mathbf{N}^{|X|}\to R_1\times\cdots\times R_t$,那么序列 $M(x)=(M_1(x),M_2(x),\cdots,M_t(x))$满足$\left(\sum\limits_{i=1}^{t}\varepsilon_i,0\right)$-差分隐私。

证明 令 $x,y\in\mathbf{N}^{|X|}$且满足$\|x-y\|_1\leqslant1$,$(r_1,r_2,\cdots,r_t)\in R_1\times\cdots\times R_t$,则

$$\frac{\Pr[M(x)=(r_1,r_2,\cdots,r_t)]}{\Pr[M(y)=(r_1,r_2,\cdots,r_t)]}=\frac{\Pr[M_1(x)=r_1]\times\cdots\times\Pr[M_t(x)=r_t]}{\Pr[M_1(y)=r_1]\times\cdots\times\Pr[M_t(y)=r_t]}$$

$$=\left(\frac{\Pr[M_1(x)=r_1]}{\Pr[M_1(y)=r_1]}\right)\times\cdots\times\left(\frac{\Pr[M_t(x)=r_t]}{\Pr[M_t(y)=r_t]}\right)$$

$$\leqslant\exp(\varepsilon_1)\cdots\times\exp(\varepsilon_t)$$

$$=\exp\left(\sum_{i=1}^{t}\varepsilon_i\right)$$

由对称性可知$\dfrac{\Pr[M(x)=(r_1,r_2,\cdots,r_t)]}{\Pr[M(y)=(r_1,r_2,\cdots,r_t)]}\geqslant\exp\left(-\sum\limits_{i=1}^{t}\varepsilon_i\right)$,证毕。

定理 3.4(并行组合性) 如果 $M_i(x_i):\mathbf{N}^{|X|}\to R_i(i=1,2,\cdots,\iota)$分别满足 ε-差分隐私,并且 x_i 是数据库 x 的任意不相交的子集,且任意两个算法的随机过程相互独立。定义 $M(x):\mathbf{N}^{|X|}\to R_1\times\cdots\times R_t$,那么随机算法 $M(x)=(M_1(x_1),\cdots,M_t(x_t))$也满足 ε-差分隐私。

证明 设任意$(r_1,r_2,\cdots,r_t)\in R_1\times\cdots\times R_t$,由于 $M_i(x_i)$满足 ε-差分隐私且任意两个算法的随机过程相互独立,因此对于任意的$(r_1,r_2,\cdots,r_t)\in R_1\times\cdots\times R_t$可得以下推理过程:

$$\Pr[M(x)=(r_1,r_2,\cdots,r_t)]=\prod_{i=1}^{t}\Pr[M_i(x_i)=r_i]$$

$$\leqslant\prod_{i=1}^{t}(e^{\varepsilon\times|x_i\oplus x_i'|}\times\Pr[M_i(x_i')=r_i])$$

$$=e^{\varepsilon\times\sum\limits_{i=1}^{t}|x_i\oplus x_i'|}\prod_{i=1}^{t}\Pr[M_i(x_i')=r_i]$$

$$=e^{\varepsilon\times\sum\limits_{i=1}^{t}|x_i\oplus x_i'|}\Pr[M(x')=(r_1,r_2,\cdots,r_t)]$$

因此,并行组合下的隐私算法满足$\left(\varepsilon\times\sum\limits_{i=1}^{t}|x_i\oplus x_i'|\right)$-差分隐私。

下证 x 和 x' 满足$|x\oplus x'|=1$。

设$(p_1,p_2,\cdots p_t)$是 $\mathbf{N}^{|X|}$ 的一种划分,记为 P,则 $x,x'\subseteq P$。对于任意 $i\neq j$,有

$x_i \cap x_j = \varnothing$ 且 $x_i' \cap x_j' = \varnothing$。因此对 $\sum\limits_{i=1}^{t} |x_i \oplus x_i'|$ 推理如下：

$$\sum_{i=1}^{t} |x_i \oplus x_i'| = |\bigcup_{i=1}^{t} (x_i \oplus x_i')|$$

$$= |\bigcup_{i=1}^{t} ((x \cap p_i) \oplus (x' \cap p_i))|$$

$$= |\bigcup_{i=1}^{t} ((x \oplus x') \cap p_i)|$$

$$= |(x \oplus x') \cap \bigcup_{i=1}^{t} p_i| = |(x \oplus x') \cap P|$$

因为 $x, x' \subseteq P$，所以有 $\sum\limits_{i=1}^{t} |x_i \oplus x_i'| = |(x \oplus x')| = 1$。

证毕。

推论 3.2　如果 $M_i(x_i): \mathbf{N}^{|X|} \rightarrow R_i (i=1, 2, \cdots, t)$ 分别满足 ε-差分隐私，并且 x_i 是数据库 x 的任意不相交的子集，且任意两个算法的随机过程相互独立。定义 $M(x): \mathbf{N}^{|X|} \rightarrow R_1 \times \cdots \times R_t$，那么随机算法 $M(x) = (M_1(x_1), \cdots, M_t(x_t))$ 满足 $\max\limits_{1 \leqslant i \leqslant t} \varepsilon_i$-差分隐私。

3.4　隐　私　预　算

在 ε-差分隐私定义中，参数 ε 被定义为隐私预算，它控制着机制 M 隐私保护的水平，越小的 ε 代表着越强的隐私保护水平。通常，ε 的取值小于 1，比如 0.1 或者 ln2。

在差分隐私定义的公式中，ε 是单次查询的预算，而隐私预算一般指的是所有查询所用的预算。以花钱举个例子，我们用某个人的单次花钱表示某个人的节俭程度，那么单次花钱越少，节俭程度越高(这里不涉及花多少次钱)。那么隐私预算就是你有 100 块钱(总的预算)，你越节俭(单次 ε 越小)，就可以花越多次。文中的"机制 M 满足 ε-差分隐私"一般指的是单次预算，有的时候会进行组合讨论。

为了保证隐私保护的效果，需要合理分配隐私预算，但对于如何设置隐私预算还没有通用的规范。

3.5　敏　感　度

在介绍差分隐私实现机制之前，先介绍一个重要的参数——敏感度，该参数将确定两个邻近数据集在同一查询函数下的最大差异。

定义 3.6(敏感度) 对于两个邻近数据集 D_1, $D_2 \in D^n$，令查询函数为 $f: D^n \rightarrow \mathbf{R}^d$，则查询函数 f 的敏感度为

$$\Delta f = \max \| f(D_1) - f(D_2) \|_1 \tag{3-4}$$

敏感度 Δf 表示任意一条记录的不同在两个邻近数据集之间造成的最大差异，进而知道我们必须在多大程度上扰乱函数的输出以保护隐私。也就是说，敏感度决定了差分隐私机制中需要添加多少噪声。例如，当我们发布数据集 D 的指定查询 f 时，敏感度将校准 $f(D)$ 的噪声量。在差分隐私中有两种类型的敏感度：全局敏感度和局部敏感度。

3.5.1 全局敏感度

全局敏感度仅与查询函数 f 的类型有关，它考虑了相邻数据集上的查询结果之间的最大差异。正式定义如下。

定义 3.7(全局敏感度) 全局敏感度指删除或添加一条记录对查询结果的最大影响。现有函数 $f: D \rightarrow \mathbf{R}^d$，输出为 d 维实数向量，对于任意的邻近数据集 D 和 D' 有

$$\Delta f_{\mathrm{GS}} = \max_{D,D'} \| f(D) - f(D') \|_1 \tag{3-5}$$

Δf_{GS} 称为函数 f 的**全局敏感度**。

当查询函数具相对较低的全局敏感度时查询效果比较好，比如统计查询和求和查询。例如，统计查询通常有 $\Delta f_{\mathrm{GS}} = 1$。当真实结果超过 100 或 1000 时，敏感度远远小于真实结果。但是对于中值、平均值等查询，全局敏感度可能大于真实值。对于这些查询我们将使用局部敏感度。

3.5.2 局部敏感度

局部敏感度调整相邻数据集上基于记录的查询结果之间的差异。与全局敏感度相比，它将查询和记录都考虑在内。局部敏感度的定义如下。

定义 3.8(局部敏感度) 对于一个查询 $f: D \rightarrow \mathbf{R}^d$，对于给定数据集 D 和它的任意邻近数据集 D'，局部敏感度定义为

$$\Delta f_{\mathrm{LS}} = \max_{D'} \| f(D) - f(D') \|_1 \tag{3-6}$$

对于许多查询例如中位数查询，局部敏感度就要小于全局敏感度。然而由于局部敏感度的变化可能导致信息泄露，例如定义一个均值查询，均值查询的输出结果依赖于数据集的大小。如果分析者知道某个查询在特定数据集下的局部敏感度，那么分析者能够推断出原数据集的准确行数。

因此不能直接使用局部敏感度。局部敏感度的值应该被平滑化地改变得到一个平滑上界。

定义 3.9(平滑上界) $\beta > 0$ 时，函数 $B: D \rightarrow \mathbf{R}$ 是函数 f 的局部敏感度的 β-平滑上界，当函数 B 满足下面的要求：

$$\forall D \in X: B(D) \geqslant f_{\mathrm{LS}}(D) \tag{3-7}$$

$$\forall D, D' \in X: B(D) \leqslant e^{\beta} S(D) \tag{3-8}$$

图 3-4 所示为局部敏感度、平滑上界和全局敏感度之间的关系。对于一些查询，局部敏感度小于全局敏感度。有些查询例如计数或范围查询的局部敏感度和全局敏感度是相同的。大多数文献关注的是全局敏感度，在本书中如果没有特殊说明，敏感度也都指的是全

局敏感度。

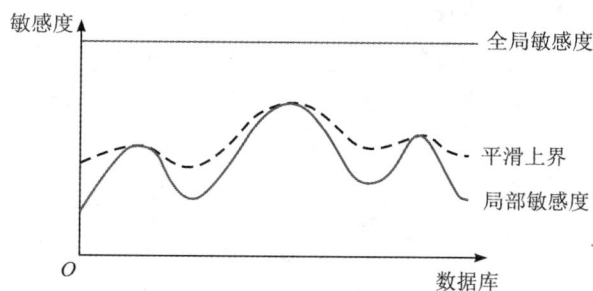

图 3-4 全局敏感度、局部敏感度及平滑上界

3.6 差分隐私的实现机制

任何符合定义 3.3 的机制都可以被视为满足差分隐私。目前，有 3 种基本机制被广泛应用于差分隐私中：拉普拉斯机制、高斯机制和指数机制。拉普拉斯机制和高斯机制的保护原理是向查询结果中添加符合两种分布的噪声来干扰真实的结果，适用于数值型数据的隐私保护。指数机制适用于非数值类数据，使用指数机制的关键是寻找一个合适的打分函数 $U(D,R)$。这些机制的实现程序详见 *Programming Differential Privacy* 一书。

3.6.1 拉普拉斯机制

在概述满足差分隐私的拉普拉斯机制之前，首先介绍 ℓ_1-敏感度（ℓ_1-Sensitivity）的定义。

定义 3.10（ℓ_1-敏感度） 函数 $f: X^k \rightarrow \mathbf{R}^k$ 的 ℓ_1-敏感度是

$$\Delta_1 f = \max_{x, y \in X^k, d(x, y)=1} \| f(x) - f(y) \|_1 \tag{3-9}$$

位置参数为 0 和尺度参数为 b 的 Laplace 分布的概率密度函数：

$$\mathrm{Lap}(x) = \frac{1}{2b} \exp\left(-\frac{|x|}{b}\right) \tag{3-10}$$

拉普拉斯机制在将查询结果返回用户之前在查询结果中加入可控制的拉普拉斯噪声。噪声符合拉普拉斯分布，其中位置参数为 0、尺度参数为 b。噪声用 $\mathrm{Lap}(0, b)$ 表示，其中 b 越大表明噪声越大。具体机制定义如下。

定义 3.11（Laplace 机制） 对于函数 $f: \mathbf{N}^{|X|} \rightarrow \mathbf{R}^k$，Laplace 机制定义为

$$M_\mathrm{L}(x, f(\cdot), \varepsilon) = f(x) + (Y_1, \cdots, Y_k) \tag{3-11}$$

其中 Y_i 是服从 Laplace 分布 $\mathrm{Lap}(0, \Delta_1 f/\varepsilon)$ 的独立同分布随机变量。

在 Laplace 机制中，位置参数为 0，尺度参数 $b = \Delta_1 f/\varepsilon$。机制表明噪声的大小和查询函数的敏感度和隐私预算 ε 有关，较大的敏感度导致较大的噪声。

关于 Laplace 机制，有如下定理成立。

定理 3.5 拉普拉斯机制满足 $(\varepsilon, 0)$-差分隐私。

证明 设 $x, y \in \mathbf{N}^{|x|}$ 且满足 $\|x-y\|_1 \leqslant 1$，用 $f(\cdot)$ 表示函数 $f: \mathbf{N}^{|X|} \to \mathbf{R}^k$。用 p_x 表示 $M_L(x, f(\cdot), \varepsilon)$ 的概率密度函数；p_y 表示 $M_L(y, f(\cdot), \varepsilon)$ 的概率密度函数。根据差分隐私定义比较两个概率密度函数在任意点 $z \in \mathbf{R}^k$ 的值：

$$p_x(z) = \prod_{i=1}^{k} \left[\frac{\varepsilon}{2\Delta f} \exp\left(-\frac{\varepsilon |f(x)_i - z_i|}{\Delta f} \right) \right]$$

$$p_y(z) = \prod_{i=1}^{k} \left[\frac{\varepsilon}{2\Delta f} \exp\left(-\frac{\varepsilon |f(y)_i - z_i|}{\Delta f} \right) \right]$$

则

$$\frac{p_x(z)}{p_y(z)} = \prod_{i=1}^{k} \left[\frac{\exp\left(-\dfrac{\varepsilon |f(x)_i - z_i|}{\Delta f} \right)}{\exp\left(-\dfrac{\varepsilon |f(y)_i - z_i|}{\Delta f} \right)} \right]$$

$$= \prod_{i=1}^{k} \exp\left[\frac{\varepsilon (|f(y)_i - z_i| - |f(x)_i - z_i|)}{\Delta f} \right]$$

$$\leqslant \prod_{i=1}^{k} \exp\left(\frac{\varepsilon |f(x)_i - f(y)_i|}{\Delta f} \right)$$

$$= \exp\left(\frac{\varepsilon \cdot \|f(x) - f(y)\|_1}{\Delta f} \right) \leqslant \exp(\varepsilon)$$

由此可得拉普拉斯机制满足 $(\varepsilon, 0)$-差分隐私，证毕。

其实，离散 Laplace 分布也有类似的机制。参数为 $\alpha \in (0, 1)$ 的离散 Laplace 分布的密度函数是

$$p(x) = \frac{(1-\alpha)\alpha^{|x|}}{1+\alpha}, \quad x \in \{0, \pm 1, \pm 2, \cdots\} \tag{3-12}$$

通常用 $DL(\alpha)$ 表示参数为 $\alpha \in (0, 1)$ 的离散 Laplace 分布。如果随机变量 X 服从离散 Laplace 分布，那么表示为 $X \sim DL(\alpha)$。在离散 Laplace 机制中，参数 $\alpha = \exp(-\varepsilon/\Delta_1 f)$。

定义 3.12(离散 Laplace 机制) 对于函数 $f: X^k \to \mathbf{R}^k$，离散 Laplace 机制定义为

$$M_{DL}(x, f(\cdot), \varepsilon) = f(x) + (Y_1, \cdots, Y_k) \tag{3-13}$$

其中，Y_i 是服从离散 Laplace 分布 $DL(\exp(-\varepsilon/\Delta_1 f))$ 的独立同分布随机变量。

定理 3.6 离散 Laplace 机制满足 $(\varepsilon, 0)$-差分隐私。

证明 设 $x, y \in \mathbf{N}^{|x|}$ 且满足 $\|x-y\|_1 \leqslant 1$，用 $f(\cdot)$ 表示函数 $f: \mathbf{N}^{|X|} \to \mathbf{R}^k$。用 p_x 表示 $M_L(x, f(\cdot), \varepsilon)$ 的概率密度函数；p_y 表示 $M_L(y, f(\cdot), \varepsilon)$ 的概率密度函数。根据差分隐私定义比较两个概率密度函数在任意点 $z \in \mathbf{R}^k$ 的值：

$$p_x(z) = \prod_{i=1}^{k} \frac{\left[1 - \exp\left(\dfrac{-\varepsilon}{\Delta_1 f} \right) \right] \exp\left(\dfrac{-\varepsilon}{\Delta_1 f} \right)^{|f(x)_i - z_i|}}{1 + \exp\left(\dfrac{-\varepsilon}{\Delta_1 f} \right)}$$

$$p_y(z) = \prod_{i=1}^{k} \frac{\left[1 - \exp\left(\dfrac{-\varepsilon}{\Delta_1 f} \right) \right] \exp\left(\dfrac{-\varepsilon}{\Delta_1 f} \right)^{|f(y)_i - z_i|}}{1 + \exp\left(\dfrac{-\varepsilon}{\Delta_1 f} \right)}$$

则

$$
\frac{p_x(z)}{p_y(z)} = \prod_{i=1}^{k} \frac{\exp\left(\dfrac{-\varepsilon}{\Delta_1 f}\right)^{|f(x)_i - z_i|}}{\exp\left(\dfrac{-\varepsilon}{\Delta_1 f}\right)^{|f(y)_i - z_i|}}
$$

$$
= \prod_{i=1}^{k} \exp\left[\left(\frac{\varepsilon}{\Delta_1 f}\right)(|f(y)_i - z_i| - |f(x)_i - z_i|)\right]
$$

$$
\leqslant \prod_{i=1}^{k} \exp\left[\left(\frac{\varepsilon}{\Delta_1 f}\right)(|f(x)_i - f(y)_i|)\right]
$$

$$
= \exp\left[\left(\frac{\varepsilon}{\Delta_1 f}\right) \cdot \|f(x) - f(y)\|_1\right]
$$

$$
\leqslant \exp(\varepsilon)
$$

由此可得离散 Laplace 机制满足 $(\varepsilon, 0)$-差分隐私，证毕。

3.6.2　高斯机制

为了实现差分隐私，还可以使用高斯噪声。在这种情况下，不是将噪声缩放到 l_1，而是按照定义 3.13 将其缩放为 l_2。首先给出 ℓ_2-敏感度（ℓ_2-Sensitivity）的定义。

定义 3.13（ℓ_2-敏感度）　函数 $f: X^k \rightarrow \mathbf{R}^k$ 的 ℓ_2-敏感度是

$$
\Delta_2 f = \max_{x, y \in X^k, d(x, y)=1} \|f(x) - f(y)\|_2 \tag{3-14}
$$

位置参数为 0，尺度参数为 σ 的高斯分布的密度函数

$$
p(x) = \frac{1}{\sqrt{2\pi}\sigma} \exp\left(-\frac{x^2}{2\sigma^2}\right) \tag{3-15}
$$

通常用 $N(0, \sigma^2)$ 表示位置参数为 0 且尺度参数为 σ 的高斯分布。如果随机变量 X 服从位置参数为 0 的高斯分布，那么表示为 $X \sim N(0, \sigma^2)$。

下面介绍高斯机制（Gaussian 机制）。

在 Gaussian 机制中，尺度参数 $\sigma \geqslant \Delta_2 f \dfrac{\sqrt{2\ln(1.25/\delta)}}{\varepsilon}$。具有参数 σ 的高斯机制添加具有方差 σ^2 的零均值高斯噪声。具体定义如下。

定义 3.14（Gaussian 机制）　对于函数 $f: X^k \rightarrow \mathbf{R}^k$，Gaussian 机制定义为

$$
M_G(x, f(\cdot), \varepsilon) = f(x) + (Y_1, Y_2 \cdots, Y_k) \tag{3-16}
$$

其中，Y_i 是服从 Gaussian 分布 $N(0, \sigma^2)$ 的独立同分布随机变量。

对于高斯机制，有如下定理。

定理 3.7　对于 $c^2 > 2\ln\left(\dfrac{1.25}{\delta}\right)$，参数 $\sigma \geqslant c \dfrac{\Delta_2 f}{\varepsilon}$ 的高斯机制 M 满足 (ε, δ)-差分隐私，其中，$\varepsilon \in (0, 1)$。

证明

$$\frac{\Pr[M(D)=o]}{\Pr[M(D')=o]} = \frac{\Pr[f(D)+N=o]}{\Pr[f(D')+N=o]}$$

$$= \frac{\Pr[N=o-f(D)]}{\Pr[N=o-f(D')]}$$

$$= \frac{\exp\left(-\dfrac{|o-f(D)|^2}{2\sigma^2}\right)}{\exp\left(-\dfrac{|o-f(D')|^2}{2\sigma^2}\right)}$$

$$= \frac{\exp\left(-\dfrac{|o-f(D)|^2}{2\sigma^2}\right)}{\exp\left(-\dfrac{|o-f(D)+\Delta f|^2}{2\sigma^2}\right)} \quad (\text{设 } x=o-f(D))$$

$$= \frac{\exp\left(-\dfrac{x^2}{2\sigma^2}\right)}{\exp\left(-\dfrac{(x+\Delta f)^2}{2\sigma^2}\right)}$$

由于概率恒正，因此有

$$\left| \ln \frac{e^{-\frac{x^2}{2\sigma^2}}}{e^{-\frac{(x+\Delta f)^2}{2\sigma^2}}} \right| = \left| \ln e^{\frac{-1}{2\sigma^2}}[x^2-(x+\Delta f)^2] \right|$$

$$= \left| \frac{-1}{2\sigma^2}[x^2-(x^2+2x\Delta f+\Delta f^2)] \right|$$

$$= \left| \frac{1}{2\sigma^2}(2x\Delta f+\Delta f^2) \right| \quad \left(\text{当 } x < \frac{\sigma^2\varepsilon}{\Delta f}-\frac{\Delta f}{2} \text{ 时}\right)$$

$$< \varepsilon$$

为了保证隐私损失限制在 ε 的可能至少为 $1-\delta$，要求

$$\Pr\left[|x| \geqslant \frac{\sigma^2\varepsilon}{\Delta f}-\frac{\Delta f}{2}\right] < \delta$$

进一步有

$$\Pr\left[x \geqslant \frac{\sigma^2\varepsilon}{\Delta f}-\frac{\Delta f}{2}\right] < \frac{\delta}{2}$$

设 $\varepsilon \leqslant 1 \leqslant \Delta f$，已知有尾界定理 $\Pr[x>t] \leqslant \dfrac{\sigma}{\sqrt{2\pi}t}e^{-t^2/(2\sigma^2)}$ 要求

$$\frac{\sigma}{\sqrt{2\pi}t}e^{-t^2/(2\sigma^2)} < \frac{\delta}{2}$$

$$\Leftrightarrow \frac{\sigma}{t}e^{-t^2/(2\sigma^2)} < \sqrt{2\pi}\frac{\delta}{2}$$

$$\Leftrightarrow \frac{t}{\sigma}e^{\frac{t^2}{2\sigma^2}} > \frac{2}{\sqrt{2\pi}\delta}$$

$$\Leftrightarrow \ln\frac{t}{\sigma}+\frac{t^2}{2\sigma^2} > \ln\left(\frac{2}{\sqrt{2\pi}\delta}\right)$$

使 $t = \dfrac{\sigma^2 \varepsilon}{\Delta f} - \dfrac{\Delta f}{2}$，则有

$$\ln\left(\frac{\frac{\sigma^2 \varepsilon}{\Delta f} - \frac{\Delta f}{2}}{\sigma}\right) + \frac{\left(\frac{\sigma^2 \varepsilon}{\Delta f} - \frac{\Delta f}{2}\right)^2}{2\sigma^2} > \ln\left(\frac{2}{\sqrt{2\pi}\delta}\right) = \ln\left(\frac{2}{\sqrt{\pi}}\frac{1}{\delta}\right)$$

为了约束 c，设 $\sigma = c\Delta f / \varepsilon$。在上式中，寻找第一项非负的条件：

$$\frac{1}{\sigma}\left(\frac{\sigma^2 \varepsilon}{\Delta f} - \frac{\Delta f}{2}\right) = \frac{1}{\sigma}\left[\left(c^2\frac{(\Delta f)^2}{\varepsilon^2}\right)\frac{\varepsilon}{\Delta f} - \frac{\Delta f}{2}\right]$$

$$= \frac{1}{\sigma}\left[c^2\left(\frac{\Delta f}{\varepsilon}\right) - \frac{\Delta f}{2}\right]$$

$$= \frac{\varepsilon}{c\Delta f}\left[c^2\left(\frac{\Delta f}{\varepsilon}\right) - \frac{\Delta f}{2}\right]$$

$$= c - \frac{\varepsilon}{2c}$$

$$\geqslant c - \frac{1}{2}$$

因此 $\ln\left(\dfrac{\frac{\sigma^2 \varepsilon}{\Delta f} - \frac{\Delta f}{2}}{\sigma}\right) > 0$ 的条件是 $c \geqslant \dfrac{3}{2}$。下面考虑第二项：

$$\frac{1}{2\sigma^2}\left(\frac{\sigma^2 \varepsilon}{\Delta f} - \frac{\Delta f}{2}\right)^2 = \frac{1}{2\sigma^2}\left[\Delta f\left(\frac{c^2}{\varepsilon} - \frac{1}{2}\right)\right]^2$$

$$= \left[\Delta f\left(\frac{c^2}{\varepsilon} - \frac{1}{2}\right)\right]^2\left[\frac{\varepsilon^2}{c^2(\Delta f)^2}\right]\frac{1}{2}$$

$$= \frac{1}{2}\left(\frac{c^2}{\varepsilon} - \frac{1}{2}\right)^2\frac{\varepsilon^2}{c^2}$$

$$= \frac{1}{2}\left(c^2 - \varepsilon + \frac{\varepsilon^2}{4c^2}\right)$$

由于 $\varepsilon \leqslant 1$，因此 $c^2 - \varepsilon + \dfrac{\varepsilon^2}{4c^2}$ 在 $c \geqslant \dfrac{3}{2}$ 时导数为正，则 $c^2 - \varepsilon + \dfrac{\varepsilon^2}{4c^2} \geqslant c^2 - \dfrac{8}{9}$ 且它足以保证

$$c^2 - \frac{8}{9} > 2\ln\left(\sqrt{\frac{2}{\pi}}\frac{1}{\delta}\right)$$

换句话说，需要

$$c^2 > 2\ln\left(\sqrt{\frac{2}{\pi}}\right) + 2\ln\left(\frac{1}{\delta}\right) + \ln(e^{\frac{8}{9}}) = \ln\left(\frac{2}{\pi}\right) + \ln(e^{\frac{8}{9}}) + 2\ln\left(\frac{1}{\delta}\right)$$

因为 $\left(\dfrac{2}{\pi}\right)e^{\frac{8}{9}} < 1.55$，所以 $c^2 > 2\ln\left(\dfrac{1.25}{\delta}\right)$，证毕。

3.6.3　指数机制

对于非数值查询，差分隐私使用指数机制来随机化结果，并与一个打分函数对应，打分函数代表输出对于数据集有多好。打分函数的选择取决于应用，不同的应用会导致不同

的打分函数。指数机制形式化定义如下。

定义 3.15(指数机制)   假设存在一个打分函数 $u: \mathbf{N}^{|x|} \times R \to \mathbf{R}$，如果算法 M 以正比于 $\exp\left(\dfrac{\varepsilon u(x, r)}{2\Delta u}\right)$ 的概率从输出域 $\mathbf{R}$ 中选择一个输出 $r \in \mathbf{R}$，则算法 M 就是使用**指数机制** $M_E(x, u, \mathbf{R})$ 实现差分隐私，其中 $\Delta u = \max\limits_{r \in \mathbf{R}} \max\limits_{x, y: \|x-y\|_1 \leqslant 1} |u(x, r) - u(y, r)|$，$\Delta u$ 为打分函数的全局敏感度。

定理 3.8   指数机制 $M_E(x, u, \mathbf{R})$ 满足 $(\varepsilon, 0)$-差分隐私。

证明   假设指数机制的值域有限。考虑指数机制在相邻数据库 $(x \in \mathbf{N}^{|x|}$ 和 $y \in \mathbf{N}^{|x|}$，且 $\|x-y\|_1 \leqslant 1$)上输出的概率之比：

$$
\begin{aligned}
\frac{\Pr[M_E(x, u, \mathbf{R}) = r]}{\Pr[M_E(y, u, \mathbf{R}) = r]} &= \frac{\dfrac{\exp\left[\dfrac{\varepsilon u(x, r)}{2\Delta u}\right]}{\sum\limits_{r' \in \mathbf{R}} \exp\left[\dfrac{\varepsilon u(x, r')}{2\Delta u}\right]}}{\dfrac{\exp\left[\dfrac{\varepsilon u(y, r)}{2\Delta u}\right]}{\sum\limits_{r' \in \mathbf{R}} \exp\left[\dfrac{\varepsilon u(y, r')}{2\Delta u}\right]}} \\[4mm]
&= \frac{\exp\left[\dfrac{\varepsilon u(x, r)}{2\Delta u}\right]}{\exp\left[\dfrac{\varepsilon u(y, r)}{2\Delta u}\right]} \cdot \frac{\sum\limits_{r' \in \mathbf{R}} \exp\left[\dfrac{\varepsilon u(y, r')}{2\Delta u}\right]}{\sum\limits_{r' \in \mathbf{R}} \exp\left[\dfrac{\varepsilon u(x, r')}{2\Delta u}\right]} \\[4mm]
&= \exp\left\{\frac{\varepsilon[u(x, r) - u(y, r)]}{2\Delta u}\right\} \cdot \frac{\sum\limits_{r' \in \mathbf{R}} \exp\left[\dfrac{\varepsilon u(y, r')}{2\Delta u}\right]}{\sum\limits_{r' \in \mathbf{R}} \exp\left[\dfrac{\varepsilon u(x, r')}{2\Delta u}\right]} \\[4mm]
&\leqslant \exp\left(\frac{\varepsilon}{2}\right) \cdot \frac{\sum\limits_{r' \in \mathbf{R}} \exp\left[\dfrac{\varepsilon u(x, r') + \varepsilon \Delta u}{2\Delta u}\right]}{\sum\limits_{r' \in \mathbf{R}} \exp\left[\dfrac{\varepsilon u(x, r')}{2\Delta u}\right]} \\[4mm]
&= \exp\left(\frac{\varepsilon}{2}\right) \cdot \exp\left(\frac{\varepsilon}{2}\right) \\[2mm]
&= \exp(\varepsilon)
\end{aligned}
$$

由此可得指数机制满足 $(\varepsilon, 0)$-差分隐私，证毕。

3.6.4　其他实现机制

除了上述常见的实现机制之外，差分隐私还可以使用二项机制、几何机制等多种实现机制。

1. 二项机制

定理 3.9(二项机制)   令 $f: X^n \to \mathbf{Z}$ 是一个敏感度为 Δ 的函数，即对所有的相邻数据集 $D, D' \in X^n$，$|f(D) - f(D')| \leqslant \Delta$。当 $\varepsilon > 0, \delta \in (0, 1), \lambda \geqslant 20(e^{\varepsilon/\Delta} + 1)/(e^{\varepsilon/\Delta} - 1)\ln(2/\delta)$ 时，

生成噪声 $\eta \sim \mathrm{Bin}\left(\lambda, \dfrac{1}{2}\right)$，则添加噪声后的输出 $f(D)+\eta$ 满足 (ε, δ)-DP。

说明　二项分布对应的概率分布函数为 $\mathrm{Pr}(\eta = x) = \dbinom{\lambda}{x}\left(\dfrac{1}{2}\right)^{\lambda}$，该机制通常为整数数值添加噪声。

2. 几何机制

定理 3.10(几何机制)　令 $f : X^n \to \mathbf{Z}$ 是一个敏感度为 Δ 的函数，即对所有的相邻数据集 D，$D' \in X^n$，$|f(D)-f(D')| \leqslant \Delta$。当 $\varepsilon > 0$，生成噪声 $\eta \sim \mathrm{SG}(\varepsilon)$，则添加噪声后的输出 $f(D)+\eta$ 满足 ε-DP。

说明　几何分布对应的概率分布函数为 $\mathrm{Pr}(\eta = X) = \mathrm{e}^{-\varepsilon|X|/\Delta} \times (\mathrm{e}^{\varepsilon/\Delta}-1)/\mathrm{e}^{\varepsilon/\Delta}+1$，该分布可看作离散化的拉普拉斯分布，该机制通常为整数数值添加噪声。

3.6.5　实例

下面给出一个例子来说明敏感度、隐私预算和机制的一些基本概念。

表 3-1 所示为一个区域的医疗数据集 D。差分隐私机制 M 将保证 D 中每个个体的隐私。

表 3-1　病　历

姓名	职业	性别	年龄/岁	疾病
王红	工程师	女	25	流感
白翼	工程师	女	29	艾滋病
张一鸣	律师	男	35	肝炎
李琴	服务员	女	41	艾滋病
王刚	服务员	男	56	糖尿病
⋮	⋮	⋮	⋮	⋮
苏锦	舞者	女	21	流感

假设查询函数 f_1 是提问：在这个表中有多少人患有艾滋病？因为这个查询结果是数值型的，我们可以使用拉普拉斯机制保证差分隐私。首先，分析 f_1 的敏感度。删除 D 中的一个记录对查询结果最大的影响是 1，查询 f_1 的敏感度是 $\Delta f_1 = 1$。其次，选择拉普拉斯机制的隐私预算，可以令 $\varepsilon = 1.0$。从 $\mathrm{Lap}(0,1)$ 中抽取的噪声将被添加到真实的查询结果 $f_1(D)$ 中。最后，机制 M 将输出包含噪声的查询结果 $M(D) = f_1(D) + \mathrm{Lap}(0,1)$。如果真实查询结果为 10，加噪后的查询结果可能为 11。

假设有另外一个查询函数 f_2：该地区最常见的疾病是什么？这个查询将产生非数值型的结果，我们可以应用指数机制。表 3-2 的前两列列出了所有的疾病类型及相应的真实患者数。首先定义 f_2 的打分函数。采用每种疾病的人数作为打分函数 q。删除一个人对打分函数 q 的结果的最大影响是 1，因此，q 的敏感度 $\Delta q = 1$。输出结果的概率可以通过定义 3.8 计算。表 3-2 所示为当 $\varepsilon = 0$，$\varepsilon = 0.1$ 和 $\varepsilon = 1$ 的结果。

在表 3-2 的第三列，$\varepsilon=0$ 意味着机制从四个选项中随机选择一个，这些选项的输出概率是相等的。很显然，$\varepsilon=0$ 提供最高的隐私保证，但是效用性很低。

表 3-2 病历指数输出

疾病	患病人数	$\varepsilon=0$	$\varepsilon=0.1$	$\varepsilon=1$
糖尿病	24	0.25	0.32	0.12
肝炎	8	0.25	0.15	4×10^{-5}
流感	28	0.25	0.40	0.88
艾滋病	5	0.25	0.13	8.9×10^{-6}

当 $\varepsilon=0.1$，流感被选中的概率最高而艾滋病被选中的概率最低，不过各个疾病被选中的概率差距不是很大，这表明它可以提供可接受的隐私和效用水平。当 $\varepsilon=1$ 时，艾滋病与其他疾病之间的概率差距是很明显的，这表明此时该机制可以保留较高的效用性，但是隐私保护水平较低。

3.7 差分隐私的度量

隐私技术的效果通常从隐私性和效用性两种角度评价。差分隐私提供了一种统一的隐私效果评价参数，即隐私预算。在多数情况下，要根据不同的场景选择不同的度量参数，尽管在文献中有大量隐私技术度量指标，但目前还缺乏对度量指标的结构化、全面性的梳理，这使得在评价隐私保护技术时度量指标的选择难度很大，同时，面向多数据类型、多应用场景的隐私技术的度量成为更大的挑战。下面针对隐私性介绍常用的度量指标，使得在特定的隐私场景中做出恰当的度量选择。

表 3-3 所列为常用隐私模型中的隐私参数，即若使用这些模型，则用相应的参数进行隐私评价。除此之外，还有基于贝叶斯推理的度量法，基于信息熵的度量法，基于集对分析的度量法，它们的主要思想是计算隐私算法保护后的数据泄露原始数据中隐私信息的概率值。

贝叶斯推理是由英国统计学家托斯·贝叶斯提出的一种归纳推理方法。贝叶斯推理的实质是通过使用已有的一些知识或信念（通常称为先验）来帮助计算相关事件发生的概率（通常称为后验）。自然地，贝叶斯推理的这个实质，可以用于衡量从加入隐私算法后的数据推导原始数据相关隐私信息的概率，从而建立起基于贝叶斯推理的泄露风险度量法。

信息熵是香农在研究通信系统时引入信息论的基本概念，它描述信息源发生各可能事件的不确定性，也就是求所有可能发生事件所产生的信息量的期望。此外，信息熵也可以度量一个系统的复杂程度，具体来说：信息熵越低表示这个系统越有序。信息熵作为信息的量化手段被提出，因此也可以用于度量隐私信息。

表 3 - 3 隐私参数度量总结

隐私模型	模型参数	代表算法	解决问题	模型参数评价
k 匿名类	k	k-匿名	链接攻击	基础
		(α, β, k)-匿名	多敏感属性隐私	
		完全(α, k)-匿名	个性化保护	
		(α, k)-匿名 p 敏感k-匿名	效用增强	
l-多样性类	l	l-多样性	同质化攻击 背景知识攻击	优于 k-匿名
		l-最大原则 多维桶分组技术 (l, α)-多样性	多敏感属性隐私	
		个性化扩展 l-多样性逆聚类	个性化保护	
		(k, l)-多样性 l-clustering	效用增强	
t 相近性类	t	t-相近性 (n, t)-相近性	效用增强	优于 k-匿名 和 l-多样性
差分隐私	ε	中心化差分隐私	差分攻击	隐私黄金标准
		混洗差分隐私	隐私增强	
		本地化差分隐私	数据收集者不可信	

集对分析理论是由中国学者赵克勤提出的数学理论。基于集对分析理论的隐私度量方法的总体思想是：把隐私算法作用后的数据和原始数据看作两个集合，即一个集对。通过集对分析理论对隐私信息泄露进行建模分析，从而量化隐私算法的隐私效用。

3.8 差分隐私保护结构

对于数据隐私保护，传统的方法是基于有第三方的体系结构，采用中心式差分隐私保护方法来对数据进行加噪处理，具体过程如图 3-5 所示。移动终端用来收集用户的原始数据，并将原始数据集发送给第三方中心服务器；第三方中心服务器收到原始数据集后进行差分隐私加噪，处理后得到了扰动数据集，将扰动数据集发送给服务提供商进行查询处理。

考虑到第三方中心服务器的局限性，结合中心式差分隐私保护方法，提出了一种以用户为中心的差分隐私保护方法，即本地化差分隐私，它是以用户为中心的差分隐私保护方法结构，移动终端获得用户的原始数据后，在本地根据用户事先设定好的隐私需求对原始数据采用差分隐私的方法进行保护，得到扰动数据集，并将扰动数据集发送给服务提供商。本地化差分隐私的详细内容见第 4 章。

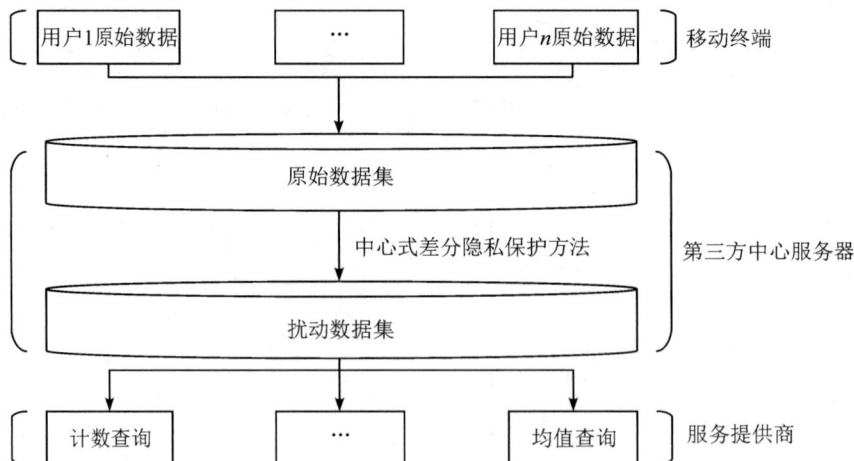

图 3 - 5　中心式差分隐私保护方法

本 章 小 结

差分隐私作为一种新的隐私保护技术，无需关心攻击者拥有了多少背景知识，即使攻击者已掌握除某一条记录之外的所有记录信息，也不会增大该记录的隐私被泄露的风险。差分隐私具有严格的数学证明定义和可量化的评估方法。隐私保护程度和隐私损失多少由隐私预算 ε 控制，ε 越小，隐私保护水平则越高，ε 的取值要根据具体的需求来平衡输出结果的安全性与可用性。

差分隐私技术主要是通过噪声机制实现的，即通过向查询或分析结果中添加适当的噪声来达到隐私保护的效果。常用的噪声机制有拉普拉斯机制与指数机制，其他噪声机制包括高斯机制、几何机制、矩阵机制、函数机制等。拉普拉斯机制和高斯机制一般适用于数值型隐私保护，指数机制则适用于非数值型隐私保护。

差分隐私的目的是提供一种方法，最大限度地提高统计数据库查询的准确性，同时使识别其记录的机会最小化。差分隐私是一种严格的隐私保护方法。对于最多在一个条目中不同的两个邻近数据集，差分隐私实现机制在数据集的查询结果中加入噪声，以保证任意两个邻近数据集具有几乎相同的统计结果，因此，对手不能仅仅通过统计值的差异来判断个体是否存在于数据库中。

第 4 章　本地化差分隐私

本地化差分隐私与中心化差分隐私的不同之处在于，它不再要求用户上传原始数据，而是在本地端处理并满足差分隐私定义后上传，因此，本地化差分隐私在满足差分隐私的基础上抵御了不可信的第三方数据收集者的攻击，提供了更加有力的隐私保证。

为了使读者更加深入地了解和掌握本地化差分隐私，本章从理论知识和实际应用机制两个方面对本地化差分隐私进行介绍，其中涉及的内容有：本地化差分隐私出现的背景、基本定义以及解读、两种隐私保护框架、本地化差分隐私的性质、实现机制、与中心化差分隐私的比较等。

4.1　研究背景

差分隐私理论在提出之初，是使用中心化差分隐私模型实现的。传统的做法是：在客户端收集用户数据后，传送给"可信的"第三方数据收集平台，再由数据收集平台统一进行数据加噪干扰使之满足差分隐私的定义要求。不难看出，中心化差分隐私建立在数据收集平台完全可信的基础上。但在真实世界中很难保证该条件成立，现实应用过程中由于数据收集者不可信导致了大量隐私泄露事件的发生，从而极大地限制了中心化差分隐私的应用。为了解决这个问题，本地化差分隐私应运而生。

本地化差分隐私是基于不可信的数据收集平台而建立的，其主要解决思路就是：将数据隐私化的任务转移到每个用户，由用户自己来处理和保护个人数据而避免将原始数据上传到不可信的数据中心，从而降低了隐私泄露的可能性。

本地化差分隐私技术是由中心化差分隐私发展而来的，同时表现出新的特性，它具备两大特点。

（1）由于符合差分隐私定义，该技术可以抵御最大背景知识的攻击者，同时可以通过隐私参数衡量加噪后数据的隐私保护程度。

（2）由于数据中心服务器收集到的是加噪后的数据，因此即使第三方数据收集者不可信也不会威胁用户数据的安全性。

由于本地化差分隐私表现出良好的隐私特性，目前在学术界和工业界的共同推动下，本地差分隐私技术逐渐成为数据隐私保护领域的黄金标准，并且已被谷歌、苹果和微软等互联网巨头应用到产品当中。

4.2 本地化差分隐私的定义及理解

差分隐私的内涵是：对于数据的任意查询结果，不会受任意一条数据的影响，也就是说，任意一条数据在不在数据库中，最终分析人员得到的查询结果差别不大。在保证定义的基础上，目前差分隐私主流的实现模型有两种：若需要数据收集者集中收集原始数据，则为中心化差分隐私；若在本地端处理并满足差分隐私，则为本地化差分隐私。这里两种模型各有利弊，从保护用户隐私的角度出发，本地化差分隐私更加优秀。近年来，随着各种终端设备的不断增长和设备算力的不断提高，本地化差分隐私成为了一个热门的方向。

4.2.1 定义

为了解决传统差分隐私模型对于第三方数据收集者假设严格的问题，研究者将差分隐私机制应用在本地端，这样虽然增加了算力和消耗，但避免了数据在收集和处理时的安全隐患。由用户本人掌握数据并在本地端对数据加噪，将满足差分隐私定义的数据上传，最后由数据收集者整理、分析和校正数据的模型就是本地化差分隐私。可以用数学语言形式化描述本地化差分隐私。

定义 4.1（本地化差分隐私） 给定一个随机算法 A，其定义域为 $\mathrm{Dom}(A)$，值域为 $\mathrm{Range}(A)$。如果随机算法 A 在任意的输入 t、$t' \in \mathrm{Dom}(A)$ 上得到相同的输出结果 t^*（$t^* \in \mathrm{Range}(A)$）的概率满足下列不等式，则称 A 满足 ε-本地化差分隐私。

$$\mathrm{Pr}[A(t) = t^*] \leqslant \mathrm{e}^{\varepsilon} \times \mathrm{Pr}[A(t') = t^*] \tag{4-1}$$

注：① 本地化差分隐私技术通过控制任意两条记录的输出结果的相似性，从而确保算法 R 满足本地化差分隐私，即输出同为 t^*，窃密者无法确认输入为 t 还是 t'。

② ε 衡量隐私保护水平，即 ε 越小，任意两条记录输出结果的相似性越高，则隐私保护强度越强；反之，ε 越大，任意两条记录输出结果的相似性越低，则隐私保护强度越弱。

定义 4.1 从理论上保证了算法满足 ε-本地化差分隐私，与中心化差分隐私相比，本地化差分隐私最大的特点在于，其不需要预设一个可信的第三方数据收集者，而是由每个用户将其脱敏过后的"真实"数据发送给数据收集者，这可以保证不会透露隐私信息。

在实现 ε-本地化差分隐私保护时，需要在用户端添加适当的数据扰动机制，才能保证满足本地化差分隐私的要求。中心化差分隐私常用的机制需要考虑全局敏感度的问题，而本地差分隐私的数据比较特殊，任意两个用户不掌握彼此的数据，因此全局敏感度不需要考虑。

目前，本地化差分隐私主要采用随机响应技术来确保隐私算法满足定义要求，其主要思想是利用对敏感问题响应的不确定性对原始数据进行隐私保护。此外，为了使得数据有更加良好的效用，在随机响应干扰原始数据后需要对其进行数据校正。

4.2.2　本地化差分隐私应用实例

下例通过现实生活中的实际案例直观地说明了本地化差分隐私的必要性和实现原理，在面临一些隐私问题时就可以设计类似的问答机制来保证受访者的隐私安全。

例 4.1　现在要完成调查问卷：您在过去一周内做过事件 X 吗？受调查者需要执行以下步骤：

掷一枚硬币，如果是反面，则如实回答有没有做过事件 X；如果是正面，那么再掷第二枚硬币，如果第二枚硬币是正面，那么回答"是"，如果是反面则回答"否"。

该调查的执行方式是否满足本地化差分隐私？如果满足请给出量化结果。

分析　根据问题要求，对本例进行分析，表 4-1 所示为回答结果与真实情况间关联的概率。

表 4-1　调查情况概率

Truth	Response	
	是	否
是	$\frac{3}{4}$	$\frac{1}{4}$
否	$\frac{1}{4}$	$\frac{3}{4}$

由于问题的答案是在用户处进行干扰，因此只需要分析该干扰机制是否满足本地化差分隐私的定义即可。

如果最后的回答为"是"，那么真实情况有两种。

第一种情况，当某一受访者真的从事过事件 X 时，即事实为"是"时，那么投掷硬币的过程也有两种情况：第一个硬币就出现反面，即真的从事过事件 X 的受访者说了真话，此时概率为 $\frac{1}{2}$，或第一个和第二个硬币都出现正面，此时的概率为 $\frac{1}{4}$。即事实为"是"回答也为"是"的概率为 $\frac{1}{2}+\frac{1}{4}=\frac{3}{4}$。即

$$\Pr[\text{Response}=\text{Yes} \mid \text{Truth}=\text{Yes}]=\frac{3}{4}$$

第二种情况，当受访者没有从事过事件 X 时，即事实为"否"时，则只可能是第一个硬币出现正面，第二个出现反面。即事实为"否"回答为"是"的概率为 $\frac{1}{4}$，即

$$\Pr[\text{Response}=\text{Yes} \mid \text{Truth}=\text{No}]=\frac{1}{4}$$

同理，最后回答为"否"的情况也可做类似推理。根据本地化差分隐私定义，有

$$\frac{\Pr[\text{Response} = \text{Yes} \mid \text{Truth} = \text{Yes}]}{\Pr[\text{Response} = \text{Yes} \mid \text{Truth} = \text{No}]}$$

$$= \frac{\Pr[\text{Response} = \text{No} \mid \text{Truth} = \text{No}]}{\Pr[\text{Response} = \text{No} \mid \text{Truth} = \text{Yes}]}$$

$$= \frac{3/4}{1/4} = 3 = e^{\ln 3}$$

因此，我们称上述抛硬币的机制满足 $\ln 3$ -差分隐私。

4.3 本地化差分隐私数据保护框架

基于对本地化差分隐私定义的理解，构建出本地化差分隐私的实现模型：首先，每个用户在本地端对各自拥有的数据进行干扰；其次，将干扰后的数据提交到数据收集者处；最后，由数据收集者处理数据后进行一系列问题的查询和求精处理，由此得到最终的统计结果。在模型中，假设任意两个用户间不知道对方的数据记录。图 4-1 所示为本地化差分隐私模型下数据的处理框架，值得注意的是差分隐私机制应用在本地端，因此保证了比中心化差分隐私更好的隐私效果。

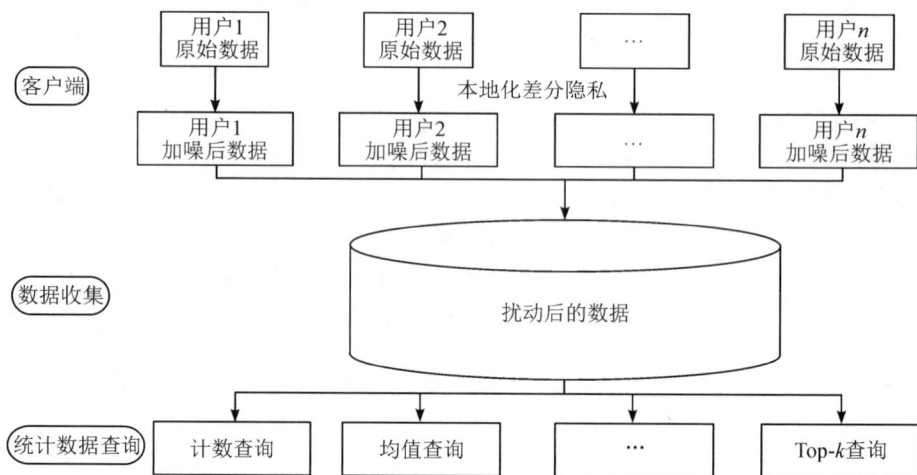

图 4-1 本地化差分隐私模型下数据处理框架

在该框架中，如果考虑用户掌握数据间的关系，可将本地化差分隐私的数据保护框架分为交互式框架和非交互式框架。中心化差分隐私技术对应的两种数据保护框架（交互式和非交互式框架）假设收集数据的第三方是可信的，由数据收集者采集所有用户的数据后对查询进行响应，而本地化差分隐私技术建立在不可信的第三方数据收集者的基础上，因此对两种保护框架的定义不同于中心化差分隐私。本地化差分隐私划分交互与非交互的依据是数据记录之间的相互关联关系。综上可知，本地化差分隐私技术进一步考虑了数据中包含的关联信息，从而考虑了更为全面的隐私保护场景。

4.3.1　交互式框架

交互式数据保护框架如图 4-2 所示。该框架表明，用户掌握的数据若有关联关系，即第 n 个成员的数据与前 $n-1$ 个成员的数据有关则为交互式框架。

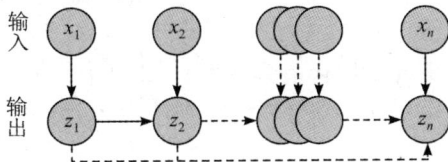

图 4-2　交互式数据保护框架

交互式框架在日常生活中的应用非常广泛。举例来说：假设一个家族存在遗传性心脏病的病史，家族中某位成员出现了相应的心脏病的症状，若要判断该成员是否真的患有心脏病，除了考虑该成员本身的性状表现外，其祖辈心脏病的情况也是必须要考虑的因素。也就是说一个成员的数据与前面其他成员的数据存在关联关系，属于交互式框架。

交互式框架可以给出如下形式化描述。

定义 4.2(交互式框架形式化表达)　设 $x_1, x_2, \cdots, x_n \in X$ 为输入序列，$z_1, z_2 \cdots z_n \in Z$ 为 X 上的查询 Q 对应的输出序列，箭头表示依赖关系。交互式框架中，第 i 个输出依赖第 i 个输入以及第 $i-1$ 个输出，与第 $i-1$ 个输入无关。对任意的 $i \neq j$，依赖关系的形式化表示如下：

$$\{x_i, z_1, z_2, \cdots, z_{i-1}\} \to z_i \text{ 且 } z_i \perp x_j \mid \{x_i, z_1, z_2, \cdots, z_{i-1}\} \quad (4-2)$$

基于交互式的数据保护框架，可对本地化差分隐私的定义重新叙述，下述定义是满足交互式框架的本地化差分隐私定义：

定义 4.3(交互式框架下的本地化差分隐私)　对于任意的输入 $x, x' \in X$，给定隐私预算 ε，设输出集为 S，若查询 Q 满足以下不等式，则认为 Z_i 是 X_i 的一个满足 ε-本地化差分隐私保护的表示：

$$\sup \frac{Q\{Z_i \in S \mid X_i = x, Z_1 = z_1, \cdots, Z_{i-1} = z_{i-1}\}}{Q\{Z_i \in S \mid X_i = x', Z_1 = z_1, \cdots, Z_{i-1} = z_{i-1}\}} \leqslant e^{\varepsilon} \quad (4-3)$$

其中上确界的取值范围为输出集 S。

4.3.2　非交互式框架

非交互式数据保护框架如图 4-3 所示，非交互式框架也在许多场景中得到应用。例如，商场对不同用户的购物清单数进行分析，这些数据之间不存在相互的关联关系。所以，对这种数据进行本地化差分隐私保护时，可以应用非交互式框架。

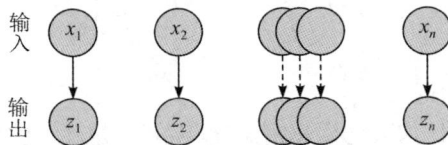

图 4-3　非交互式数据保护框架

定义 4.4(非交互式框架形式化表达)　设 $x_1, x_2, \cdots, x_n \in X$ 为输入序列，$z_1, z_2, \cdots, z_n \in Z$ 为 X 上的查询 Q 对应的输出序列，箭头表示依赖关系。非交互式框架中，第 i 个输

出仅依赖第 i 个输入，与第 $i-1$ 个输入输出无关。对任意的 $i \neq j$，依赖关系的形式化表示如下：

$$x_i \rightarrow z_i \text{ 且} z_i \perp \{x_j, z_j\} \mid x_i \tag{4-4}$$

注：该定义表明非交互式框架要求第 i 个输出仅依赖第 i 个输入。

基于非交互式的数据保护框架，可对本地化差分隐私的定义重新叙述，下述定义是满足非交互式框架的本地化差分隐私定义：

定义 4.5(非交互式框架下的本地化差分隐私)   对于任意的输入 $x, x' \in X$，给定隐私预算 ε，设输出集为 S，若查询 Q 满足以下不等式，则认为 Z_i 是 X_i 的一个满足 ε-本地化差分隐私保护的表示：

$$\sup \frac{Q\{z_i \in S \mid x_i = x,\}}{Q\{z_i \in S \mid x_i = x'\}} \leqslant e^\varepsilon \tag{4-5}$$

其中上确界的取值为输出集 S。

4.4　本地化差分隐私的性质

由于从中心化差分隐私到本地化差分隐私是对于第三方数据收集平台不可信这个问题的改进，因此隐私保护的关注焦点从两个相邻数据集转移到了两个用户的数据上，但这并没有改变隐私预算保证的形式，所以本地化的差分隐私同样也具有序列组合性与并列组合性，这一点与中心化差分隐私相同。

4.4.1　序列组合性

给定数据集合 D 和 n 个隐私算法 $\{M_1, M_2, \cdots, M_n\}$，且 $M_i(1 \leqslant i \leqslant n)$ 满足 ε_i-本地化差分隐私，那么 $\{M_1, M_2, \cdots, M_n\}$ 在 D 上的序列组合满足 ε-本地化差分隐私，其中，$\varepsilon = \sum_{i=1}^{n} \varepsilon_i$。序列组合性强调隐私预算可以在方法的不同步骤下进行分配。

4.4.2　并列组合性

给定数据集合 D，将其划分为 n 个互不相交的子集，$D = \{D_1, D_2, \cdots, D_n\}$，设 M 为任一满足 ε-本地化差分隐私的隐私算法，则算法 M 在 $\{D_1, D_2, \cdots, D_n\}$ 上满足 ε-本地化差分隐私。并列组合性保证了某个满足差分隐私的算法在自己不相交的数据集上的隐私性。

4.5　本地化差分隐私的实现机制

在本地化差分隐私中没有可信的第三方数据收集中心，出于隐私考虑，每个用户在把数据发给第三方数据收集平台前先对数据进行扰动，然后将数据发送给第三方数据收集平台。在对数据进行扰动时所用的方法有很多，以下是本地化差分隐私常用的 3 种实现机制。

4.5.1　随机响应机制

随机响应机制包括二元随机响应机制以及由其推广诞生的多元随机响应机制。二元随机响应机制是指仅对包含两种变量取值的离散型数据进行响应，相应地，多元随机响应机制是对具有超过两种变量取值的数据进行响应。

1965 年，Warner 提出利用 W-RR 技术，即随机响应技术来对隐私进行保护。其主要思想是利用对敏感问题响应的不确定性对原始数据进行隐私保护。Warner 通过一个概率设备来对原始数据添加不确定性。W-RR 技术模型见图 4-4。

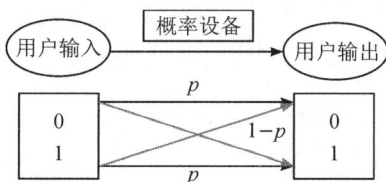

图 4-4　W-RR 技术模型的示意图

如图 4-4 所示，若用户的原始数据为 1，通过一个概率设备使之以概率 p 上传 1，以概率 $1-p$ 上传 0。同理可得用户原始数据为 0 的情况。也就是说，输入经过响应后不变的概率为 p，改变的概率为 $1-p$，该随机响应机制根据二项分布来进行随机化。W-RR 技术满足 $\varepsilon=\ln[p/(1-p)]$ 的本地化差分隐私。

W-RR 技术对于具有超过两种变量取值的数据并不适用。出于实际情况考虑，K-RR 技术作为 W-RR 技术的推广应运而生。

对于任意输入 R，其响应输出 R' 的公式如下：

$$P(R' \mid R)=\frac{1}{k-1+e^{\varepsilon}}\begin{cases}e^{\varepsilon}, & R'=R \\ 1, & R' \neq R\end{cases}$$

在输入为 R 的情况下，输出结果是 R' 的概率为 $\dfrac{e^{\varepsilon}}{k-1+e^{\varepsilon}}$。也就是说，以 $\dfrac{e^{\varepsilon}}{k-1+e^{\varepsilon}}$ 的概率响应真实结果，以 $\dfrac{1}{k-1+e^{\varepsilon}}$ 的概率响应其余 $k-1$ 个结果中的任意一种，使其满足 ε-本地化差分隐私。

4.5.2　One-hot 编码

W-RR 技术的推广不仅有 K-RR 技术，One-hot 编码也是基于 W-RR 技术改进的一种技术。随着数据越来越多也越来越复杂，根据实际情况，针对问题可能得到的回答往往不止一种，因此为了适应这种情况通常使用一种更具普适性的编码方法，即 One-hot 编码。

One-hot 编码，又称为一位有效编码，主要是采用 N 位状态寄存器来对 N 个状态进行编码，每个状态都有它独立的寄存器位，每个寄存器位的元素只能为 0 或 1，并且在任意时候只有一位有效。One-hot 编码主要有 3 个步骤：编码、扰动响应及数据聚合与校正。

1. 编码过程

例如,性别只有两种状态:男或女。在 One-hot 编码中,使用二位状态寄存器来对这两种状态进行编码得到响应向量。再例如,针对问题:你来自哪个国家? 若答案候选项有 3 种——中国、美国和法国,则根据 One-hot 编码的编码规则,可将中国编码为 100,美国编码为 010,法国编码为 001。

2. 扰动过程

添加扰动的思想本质就是多次应用传统的随机响应机制,在完成编码之后,需要对响应向量的每一位元素进行随机响应来确保差分隐私。

在 One-hot 编码中,对响应向量中的每个位进行随机化,随机化的规则如下:

$$\Pr[B'[i]=1]=\begin{cases} p, & B[i]=1 \\ q, & B[i]=0 \end{cases}$$

也就是说在响应向量中,如果原来第 i 位为 1,那么经过扰动后,第 i 位会以概率 p 保持不变,会以概率 $1-p$ 变为 0;如果原来第 i 位为 0,那么会以概率 q 被翻转为 1,以概率 $1-q$ 保持不变。One-hot 编码满足 $\varepsilon=\max\left\{\ln\left[\dfrac{p(1-q)}{q(1-p)}\right],\ln\left[\dfrac{q(1-p)}{p(1-q)}\right]\right\}$ 的本地化差分隐私。

3. 数据聚合与校正过程

经过上述一系列编码和数据扰动过程后,此时能得到一系列添加了噪声的数据,则可以通过构造原始数据和噪声数据之间的关系来对噪声数据进行校正,使之成为可以获取正确统计数据的有用数据。

4.5.3 RAPPOR 方法

RAPPOR(Randomized Aggregatable Privacy-Preserving Ordinal Response)方法作为应用随机响应的一种新的方式,提供了新的收集方法和对收集数据高效的分析机制。作为单值频数统计的代表方法,RAPPOR 方法大致有 4 个步骤:编码、永久随机响应、短暂随机响应以及数据的上传。

1. 编码

假定用户的真实值为一个字符串 c。在编码的过程中我们需要用到布隆过滤器,布隆过滤器是由固定大小的二进制向量和一系列哈希函数组成的。哈希函数并非特定的函数而是一类函数的总称,它有各种各样的实现。任意长度的输入字符串可以通过哈希算法变换成固定长度的输出字符串。

我们通过哈希函数将真实值输入大小为 k 的布隆过滤器中。在初始状态时,布隆过滤器的所有位都置为 0。然后对字符串 c 进行编码,先通过 m 个哈希函数把字符串映射到布隆过滤器中的 m 个位点上,并把这些位点都置为 1。

2. 永久随机响应

在编码的基础上,对布隆过滤器的每一位都进行相同的操作,以第 i 位为例,$i\in[0,k]$,通过以下方法来进行随机化:

$$B_i' = \begin{cases} 1, & \text{概率为} \dfrac{f}{2} \\ 0, & \text{概率为} \dfrac{f}{2} \\ B_i, & \text{概率为} 1-f \end{cases}$$

其中，B_i' 表示布隆过滤器第 i 位，f 表示用户可调参数。此时布隆过滤器经过编码后有 m 个位点为 1，剩下 $k-m$ 个位点为 0。经过随机化后，第 i 位为 1 的概率是 $\dfrac{f}{2}$，第 i 位为 0 的概率也是 $\dfrac{f}{2}$，第 i 位保持不变的概率是 $1-f$。我们把这一步称为永久随机响应，这也是 RAPPOR 算法的第一次随机响应。因为通过这次随机响应产生的 B' 将会永久存储在用户端本地，所以称之为永久随机响应。

3. 短暂随机响应

对经过永久随机响应的布隆过滤器的每一位再次进行随机响应。与永久随机响应不同的是，此次随机响应的概率规则为

$$P(S_i = 1) = \begin{cases} q, & B_i' = 1 \\ p, & B_i' = 0 \end{cases}$$

其中，S_i 表示经过此次随机化后布隆过滤器中的第 i 位。q 表示经过永久随机响应后的第 i 位为 1，然后经过这一步随机响应后第 i 位依然为 1 的概率，即第 i 位为 1 且保持不变的概率。p 表示第 i 位由 0 变为 1 的概率。这一步称为短暂随机响应。

4. 数据上传

经过短暂随机响应，每个用户得到扰动结果后，将其发送给第三方数据收集者，数据收集者对结果进行校正和统计。

本 章 小 结

现将本地化差分隐私与中心化差分隐私做一比较。本地化差分隐私作为中心化差分隐私的改良与发展，与中心化差分隐私的基本流程大致相同，都包括数据收集、加噪和数据公布这三个过程。但是与中心化差分隐私相比，本地化差分隐私主要在于有无可信的第三方数据收集平台和加噪，即扰动机制方面有所不同。

1. 有无可信的第三方

在中心化差分隐私中，一切都基于一个重要的前提：假设第三方数据收集平台不会对隐私进行泄露或攻击，即它是可信的。每个用户将自己的真实隐私数据记录发送给第三方数据收集平台。而后，第三方数据收集平台利用满足需求的隐私算法对数据分析者的查询请求进行响应。

而在本地化差分隐私中，基于实际情况的考虑，第三方数据收集平台不一定可信。因

此，将数据扰动的操作从第三方数据收集平台转移到了客户端，每个用户按照相应的隐私算法对数据进行扰动，再将扰动后的数据上传给第三方数据收集平台，根据数据分析者的查询请求，第三方数据收集平台将扰动后的数据对查询进行响应。

2. 扰动机制

在中心化差分隐私保护技术中，通常利用噪声机制的介入来设计满足 ε-差分隐私的算法。其中，Laplace 机制和指数机制是最常用的两种噪声机制。Laplace 机制与指数机制适用的数据类型不同：Laplace 机制一般面向连续型数据的查询，而指数机制则面向离散型数据的查询。

而在本地化差分隐私中，客户端分别将各自的数据扰动后，再上传至第三方数据收集平台。在扰动用户数据时，任意两个用户之间并不知晓对方的数据记录。也就是说，本地化差分隐私中并不存在全局敏感性的概念，因此，Laplace 机制和指数机制在本地化差分隐私中并不适用。

第二部分

差分隐私应用研究

第5章 面向轨迹数据发布的个性化差分隐私保护

大数据时代背景下，移动互联网及 GPS 技术的成熟和普及产生了大量的轨迹数据。将轨迹数据发布共享能够为路网结构的优化、智能交通的实现以及政府部门、商业机构的决策制定提供有力支持。但是对轨迹数据的发布和挖掘使得移动用户面临着严重的隐私泄露风险，如何安全有效地挖掘其社会价值成为国内外研究的热点问题。

本章介绍了一种面向轨迹数据发布的个性化差分隐私保护机制，在位置聚簇的代表元生成中引入了抽样机制和指数机制，避免隐私预算的加权平均所生成的位置代表元不具有语义信息，而导致无效轨迹数据的问题，并严格证明了该机制所能满足的差分隐私特性，最后通过实验比较了该方法与基于标准差分隐私的轨迹发布方法在数据可用性与性能方面的表现。

5.1 轨迹隐私背景知识

社会信息化和网络化的发展使得数据呈爆炸式增长，定位技术的研究也成为信息社会的重要发展方向之一。近年来，各种各样基于位置的服务遍布交通、医疗、养老等各个领域，不同领域的数据形成轨迹大数据。轨迹数据作为大数据的一种，具有量大（volume）、实时（velocity）、多样（variety）等特性。北京市交通信息采集平台的浮动车系统显示，仅一分钟的 GPS 打点间隔，每天累计的轨迹点将近 1 亿。在这庞大的轨迹数据规模背后，蕴含着极具价值的知识，将这些轨迹数据进行合理发布，供政府或第三方机构分析挖掘将有利于国民经济资源的优化配置，比如，智能交通的实现以及整个路网承载能力和可靠性的提高等。

轨迹数据是由一个或多个移动用户随着时间积累形成的时空信息序列集合，其中蕴含了用户的行为模型、兴趣爱好及社会关系等隐私信息。不恰当的发布方法会给用户的隐私安全带来严重威胁。例如，美国 FOX 公司曾报道了攻击者通过 GPS 轨迹信息跟踪前女友实施报复的案例；2016 年韩国一名 iPhone 手机用户投诉苹果公司未经授权私自收集个人位置信息，严重影响了个人生活质量；更有不法分子将获取的数据串联成完整的个人信息和轨迹行为记录，形成了窃取数据、买卖数据、最后变现的一条龙产业链。轨迹数据通常包含敏感的个人信息，简单地共享或发布都可能会导致严重的隐私泄露。因此，随着轨迹数据的发布和基于位置的服务技术的发展，满足个人隐私要求成为亟待解决的问题。

面向 LBS 的隐私保护机制通常采用基于划分的隐私模型，如 k-匿名性和置信界限。但是，这些模型都无法应对具有背景知识的攻击者，例如，前景知识攻击、deFinetti 攻击、组合攻击等。针对这些缺陷，差分隐私被引入到隐私保护数据发布中，并成为事实上的隐私模型。差分隐私对于攻击者的背景知识不作假设，并提供可证明的隐私保护。这样，在发布数据集上的任何计算均不会对单个记录的存在敏感。因此，无论记录是否包含在原始数据集中，都不会导致记录所有者的隐私泄露。基于此，本章主要介绍如何设计差分隐私理论下轨迹数据的个性化发布方法，并使得该方法同时兼顾隐私性和可用性。

5.2　轨迹隐私研究现状

针对基于匿名和基于差分隐私的轨迹隐私保护，研究者们已经做了很多工作，本节针对这两种类型分别进行归纳和介绍。

5.2.1　基于匿名的轨迹隐私保护

轨迹隐私保护中一部分工作是基于匿名模型进行设计的。以下是基于 k-匿名模型的轨迹隐私保护方案：Abul 等提出 (k, δ)-匿名模型来修改原始轨迹，并保证 k 个不同的轨迹将被半径为 δ 的圆柱体包含；Domingo-Ferrer 等提出 (k, δ)-匿名模型无法对已发布的轨迹提供足够的保护，并提出位置交换算法以获得更好的隐私保护级别，该算法首先对原始轨迹进行聚类，然后对每个聚簇的位置进行排列，从而提供匿名性；Yarovoy 等利用 k-匿名模型对移动对象数据库进行处理，并将其时间戳作为准标识符，首先识别匿名群，然后基于准标识符将群泛化到公共区域。

除了 k-匿名模型，混合区域是隐私保护方法的另一种选择。如果将一组用户添加到混合区域，那么混合区域将更改其假名。Ying 等提出一个动态混合区域来提供不同的隐私需求，用户提交服务请求时其真实位置将被忽略。Poulis 等针对现有数据匿名方法产生的数据效用较低的问题，提出了基于先验原理的匿名算法，保护轨迹数据的位置距离、语义相似度等数据特征。针对轨迹的语义特性产生的隐私风险，Monreale 等基于位置泛化定义了一个称为 c-安全性的模型，将敏感位置链接到轨迹的最大概率限定为 c。类似地，Cicek 等提出了 p-机密性，通过限定用户访问轨迹中敏感位置的概率来确保位置的多样性，避免了传统 k-匿名方法在敏感区域缺乏候选位置的问题。

5.2.2　基于差分隐私的轨迹隐私保护

基于扰动和抑制的方法容易受到具有背景知识的敌手的攻击，为了提供可证明的隐私保护数据发布方法，差分隐私被广泛使用在各种应用场景中。通过差分隐私机制处理的数据集可以支持特定的数据分析任务，如计数查询和频繁模式挖掘。Andres 等提出地理不可区分性，以保护 LBS 用户的真实位置信息，地理不可区分性不仅防止了对个人位置的恶意推测，而且限制了攻击者通过观察所带来的背景知识的增长；Zhang 等研究了差分隐私在位置推荐系统中的应用，并引入多维空间索引和 n-gram 树来提高位置推荐的准确度；Cormode 等采用标准的空间索引技术来提供对数据分布特征的隐私描述，并提出了基于差分隐私的空间分解技术，它能够生成高精度的查询结果，同时提供有意义的隐私保证。

上述方法均基于传统的差分隐私，即由单一全局的隐私预算决定隐私保护级别。为了满足用户不同的隐私需求，除了个性化差分隐私，Alaggan 等还提出了异构差分隐私（HDP），该机制也考虑了非统一隐私预算下的差分隐私，以 Laplace 机制为基础，根据相关隐私预算重新调整原始值，但是，这种机制的局限性在于它只支持数值型数据集，无法对其他类型数据集进行处理；Tian 等提出了用于轨迹数据发布的个性化隐私保护方法，该方法基于隐私预算加权生成位置聚簇的代表元，满足了用户的个性化隐私偏好。但是，该方法生成的位置代表元不具有语义信息，导致发布的泛化轨迹容易被敌手识别过滤。Cao 等提出了用于轨迹数据流发布的差分隐私模型——l-轨迹隐私，保证了所有预定长度的轨迹都满足 ε-差分隐私，并进一步研究了传统差分隐私在连续数据发布中产生的潜在隐私损失，利用马尔科夫模型对发布数据的时序关系进行建模，提出了能够抵御隐私损失的差分隐私转换机制。个性化差分隐私作为一种推广的差分隐私概念，需要根据应用场景的不同，设计相应的实现机制。Wang 等根据众包任务工作者的不同隐私需求，提出了用于移动众包任务分发的个性化隐私保护框架，根据工作者提交的混淆距离和个性化隐私级别，使用概率机制分配众包任务，在保证工作者不同隐私要求的前提下，提高了任务完成的成功率。Xu 等针对不可信环境下的个性化推荐系统，提出了一种多层次的差分隐私方案，该方案使用 Laplace 机制同时保护服务提供者的总体隐私与每一个数据提供者的隐私，减少了发布数据与原始数据之间的误差。Zhang 等定义了信任距离，并基于此设计了支持不同噪声输出的个性化差分隐私模型，利用马尔科夫链生成一系列噪声，从而打破了噪声之间的关联关系，能够抵御共谋攻击。Qu 等提出了基于社交距离的个性化差分隐私机制，对于具有不同社交距离的用户设定不同的隐私预算，社交距离较近的具有较多的隐私预算，社交距离较远的则分配较少的隐私预算，从而提高了数据的效用。Li 等针对标准差分隐私机制无法满足社交网络中不同用户的不同隐私偏好的问题，基于个性化差分隐私，提出了用于社交网络中特定统计数据的隐私保护发布方法。这些研究针对不同的数据类型和应用特征，设计了满足用户差异化隐私需求的数据发布机制。

5.3　相关基础知识

本节对用到的相关概念和知识进行介绍，包括轨迹数据库的概念、Hilbert 曲线以及个性化差分隐私的概念。本章使用的所有符号描述如表 5-1 所示。

表 5 - 1　符　号　描　述

符　号	含　义
T	一条轨迹数据，由 n 个时刻的位置组成的序列
D	若干条轨迹构成的轨迹数据集
D_{-T}	轨迹数据集 D 的邻近数据集，比 D 少一条轨迹 T
$\mathbf{D}$	轨迹空间，所有轨迹均取自该集合
$\boldsymbol{\Omega}$	隐私配置，为用户集合到个人隐私偏好的映射
H_d^N	d 维空间中的 N 阶 Hilbert 曲线
LC_i^k	时刻 t_i 的第 k 个位置聚簇
LC_i	时刻 t_i 的位置集合，即 $LC_i = \bigcup_k LC_i^k$
$\boldsymbol{\Omega}_i^k$	与位置聚簇 LC_i^k 关联的隐私配置信息
$\boldsymbol{\Omega}_i$	与时刻 t_i 的位置集合关联的隐私配置信息
π_l	位置 l 被选中的概率
φ	用于位置抽样的隐私预算阈值
SLC_i^k	基于隐私配置 $\boldsymbol{\Omega}_i^k$ 和阈值 φ 从位置聚簇 LC_i^k 获得的抽样位置集合
L, L_{-l}	邻近的位置数据集，其中 L_{-l} 比 L 少一个位置 l
Z	由位置数据集 L_{-l} 抽样获得的位置集合
Z_{+l}	比位置数据集 Z 多一个位置 l 的位置集合
U_i^k	与隐私配置 $\boldsymbol{\Omega}_i^k$ 关联的用户集合
$U(L)$	位置数据集 L 关联的用户集合
$\mathbf{A}_{m+1}$	从 m 个位置聚簇选择各个聚簇代表元的机制
$\mathbf{B}_i$	在时刻 t_i 的位置集合 LC_i 上选择各个聚簇代表元的机制
$\mathbf{G}$	在轨迹数据集的 n 个时刻中，选择各时刻各个聚簇代表元的机制

▶▶▶ 5.3.1　轨迹数据库

定义 5.1(轨迹)　轨迹是一个位置与相应时间戳的有序列表，可以形式化地表示为 $T = (l_1, t_1) \rightarrow (l_2, t_2) \cdots \rightarrow (l_n, t_n)$，其中 n 为该条轨迹的长度，$l_i \in l_i (1 \leqslant i \leqslant n)$，$l_i$ 为时刻 t_i 的位置集合。

注：位置 l_i 表示地图上的离散点，用经度、纬度表示。时刻 t_i 取自时间戳集合 $\{t_1, t_2, \cdots, t_n\}$，$T(t_i)$ 则表示轨迹 T 在时刻 t_i 的位置，即 $T(t_i) = l_i$。

定义 5.2(轨迹数据库)　一个规模为 $|D|$ 的轨迹数据库 D 是由若干轨迹组成的一个多重集，即 $D = \{T_1, T_2, \cdots, T_{|D|}\}$，且轨迹数据库 D 取自轨迹空间 $\mathbf{D}$，即满足 $D \subset \mathbf{D}$。

注：假定所有轨迹的附属时刻均取自相同的时间戳集合，因此，可以对处于相同时刻的轨迹位置进行处理。

定义 5.3(邻近轨迹数据集)　如果两个轨迹数据集 $D, D' \subset \mathbf{D}$，D 与 D' 仅相差一条轨迹，即 $D \oplus D' = T$，其中轨迹 $T \in D$ 且 $T \notin D'$，则称 D 和 D' 为邻近轨迹数据集，表示为 $D \sim D'$。

▶▶▶ 5.3.2　Hilbert 曲线

希尔伯特（Hilbert）曲线是一种能填充满一个平面正方形的分形曲线（空间填充曲线），由大卫·希尔伯特在 1891 年提出。一般来说，一维的东西是不可能填满二维的方格的，但是皮亚诺曲线恰恰给出了反例。这说明我们对维数的认识是有缺陷的，有必要重新考察维数的定义，这就是分形几何考虑的问题。在分形几何中，维数可以是分数，叫作分维。

注：① Hilbert 曲线是连续但处处不可导的曲线，因此如果我们想要研究传统意义上的曲线，就必须加上可导的条件，以便排除像皮亚诺曲线这样的特例。

② 空间填充曲线是指一维曲线包含整个二维甚至多维空间的一种函数曲线。根据不同的排列规则，可以得到不同的空间填充曲线。

Hilbert 曲线的构造过程可以理解为以下过程：取一个正方形并且把它分出 9 个相等的小正方形，然后从左下角的正方形开始至右上角的正方形结束，依次把小正方形的中心用线段连接起来；下一步，把每个小正方形分成 9 个相等的正方形，然后用上述方式把其中心连接起来。将这种操作无限进行下去，最终得到的极限情况的曲线就可以填满整个平面。

▶▶▶ 5.3.3　个性化差分隐私

传统的差分隐私机制对所有的轨迹提供了相同的隐私保护水平，可能导致对某些敏感轨迹的隐私保护不足，而对其余轨迹的隐私保护过度。为解决这一问题，假设在轨迹数据库中，每条轨迹都属于一个用户，不同的用户可能有不同的隐私偏好，隐私保护机制应满足所有用户的隐私需求。

定义 5.4(隐私配置)　隐私配置是从用户集到个人隐私偏好的映射 $\mathbf{\Omega}: U \rightarrow R_+$，个人隐私偏好即差分隐私预算，使用 $\mathbf{\Omega}(u)$ 表示用户 $u \in U$ 的隐私偏好。

注：与传统的差分隐私相比，本章模型中的每条轨迹都有其隐私偏好，与该条轨迹的所有者对应。该假设的合理性在于现实世界中的个体具有不同的隐私偏好。若给隐私保护需求较低的个体提供过高的隐私保护级别，就无法实现更好的数据可用性。

定义 5.5(个性化差分隐私，PDP)　给定隐私配置 $\mathbf{\Omega}$，如果随机化机制 $\mathbf{A}: \mathbf{D} \rightarrow \text{Range}(\mathbf{A})$，对所有满足 $D \oplus D' = T$ 的邻近数据集 D，$D' \subset \mathbf{D}$，以及所有可能的输出值 $O \in \text{Range}(\mathbf{A})$，均有下式成立：

$$p(\mathbf{A}(D) = O) \leqslant e^{\mathbf{\Omega}(T.u)} \times p(\mathbf{A}(D') = O)$$

则机制 $\mathbf{A}$ 满足 $\mathbf{\Omega}$-个性化差分隐私（$\mathbf{\Omega}$-PDP）。

$D \oplus D'$ 表示数据集 D 和 D' 之间相差的轨迹集合，$T.u$ 则为轨迹 T 所对应的用户。

注：如果假设所有用户具有相同的全局隐私偏好，那么 $\mathbf{\Omega}$-PDP 提供的隐私保护级别与传统的差分隐私相同。但是，如果我们允许用户有自己的隐私偏好，那么发布的轨迹数据集就可以提供更好的可用性。

与传统的差分隐私类似，$\mathbf{\Omega}$-PDP 也具有如下的组合性质。

定理 5.1(个性化差分隐私的组合规则)　给定两个分别满足 $\mathbf{\Omega}_1$-PDP 和 $\mathbf{\Omega}_2$-PDP 的随机机制 $\mathbf{A}_1: \mathbf{D}_1 \rightarrow \text{Range}(\mathbf{A}_1)$，$\mathbf{A}_2: \mathbf{D}_2 \rightarrow \text{Range}(\mathbf{A}_2)$，$U_1$ 和 U_2 分别表示与两个机制的隐私配置所对应的用户集。令 $\mathbf{D}_3 = \mathbf{D}_1 \bigcup \mathbf{D}_2$，则对任意的轨迹数据集 $D \subset \mathbf{D}_3$，随机机制 $\mathbf{A}_3(D) =$

$f(A_1(D\bigcap D_1)$，$A_2(D\bigcap D_2))$ 满足 $\boldsymbol{\Omega}_3$-PDP，其中 $\boldsymbol{\Omega}_3 = \{(u, \boldsymbol{\Omega}_1(u) + \boldsymbol{\Omega}_2(u)) \mid u \in U_1 \bigcap U_2\} \bigcup \{(u, \boldsymbol{\Omega}_1(u)) \mid u \in U_1 \setminus U_2\} \bigcup \{(u, \boldsymbol{\Omega}_2(u)) \mid u \in U_2 \setminus U_1\}$，$f$ 是以 $A_1(D\bigcap D_1)$ 和 $A_2(D\bigcap D_2)$ 作为输入的映射函数。

5.4　轨迹隐私个性化保护模型

5.4.1　问题分析

在以前的工作中，Chen 等首先将差分隐私应用于轨迹数据发布中，通过维护一个前缀树结构来表示原始轨迹数据集，进而将受控噪声注入前缀树结点，即该结点对应轨迹的计数值。然而，前缀树结构要求在轨迹数据集中具有足够的公共前缀，而真实轨迹数据则很难满足这种需求。Hua 等提出了一种针对一般轨迹数据的差分隐私保护机制，使用 K 均值聚类和指数机制来泛化每个时刻的位置集合，进而在生成的轨迹数据中添加 Laplace 噪声。该机制能够提供预先设定的隐私保证，但是该机制给所有的轨迹数据应用了相同的隐私预算，不能满足具有不同隐私保护偏好的个体需求。

应用于轨迹数据的传统位置隐私保护方法的缺点在于：若通过在原始数据中添加差分隐私机制生成的定制化噪声，特别地，如果轨迹所属的用户具有不同的隐私需求，那么情况就更加复杂，通过将隐私偏好需求超过某个阈值的轨迹进行过滤并去除，能够实现对用户隐私的保护，但是这种处理方法会导致轨迹的发布数量减少，并且隐私预算阈值的设定也比较困难。另一种更为有效的方法是给每条可能轨迹的计数值添加受控的噪声，但是这种方法并未考虑到原始轨迹数据，因而可能在发布的数据中引入无意义的轨迹。

为了满足个体不同的隐私保护需求，本节介绍一种面向轨迹数据发布的个性化差分隐私保护机制。该机制首先使用基于 Hilbert 曲线的位置聚类方法，根据位置的分布特征对每个时刻的位置集合进行泛化。然后对每个时刻的位置聚簇进行位置抽样，进而使用指数机制来选择每个位置聚簇的代表元。最后对每一条原始轨迹在各个时刻的位置，使用该位置所处聚簇的代表元进行替换，从而完成原始轨迹数据的隐私保护处理。

5.4.2　基于 Hilbert 曲线的位置聚类

基于聚类的算法能够对轨迹数据的位置信息进行泛化，然而，由于聚类算法的局限性，很难对聚类算法的参数进行合理设置。以 K 均值算法为例，我们很难在不同的时刻为每个位置集合设置合适的 K 值，这是因为位置集合的分布状况随时间而变化，对于不同时刻的位置集合设置相同的 K 值是不合理的。为了解决这个问题，本节提出一种基于 Hilbert 曲线的位置聚类方法，该方法利用了 Hilbert 曲线的距离保持特性。

与 Z 曲线和 Gray 曲线相比，Hilbert 曲线以其优越的聚类和距离保持特性得到了广泛的应用。使用 H_d^N 来表示 d 维空间中的 N 阶 Hilbert 曲线，其中 $N \geqslant 1$ 且 $d \geqslant 2$。这样，d

维整数空间 $[0,2^N-1]^d$ 就可以映射到一维整数集 $[0,2^{Nd}-1]$ 中，即对 d 维空间中的任何位置 l，都有一个函数 f，满足 $v_H=f(l)$，其中，$v_H\in[0,2^{Nd}-1]$。

图 5-1 所示为一个通过 H_2^2 的 Hilbert 曲线将二维位置坐标转换为 Hilbert 值的示例。Hilbert 曲线依次通过平面空间的每个区域，根据各个区域的访问顺序生成每个位置坐标的 Hilbert 值，该值即可用来建立位置坐标的索引。图 5-1(a) 中位置 a、b、c、d 的 Hilbert 值分别为 7、9、3、13。图 5-1(b) 所示为曲线阶数为 1、2、4、6 的 Hilbert 曲线，可见曲线阶数越高，空间分割的粒度就越细，从而可以捕获有关位置数据集分布的更多特征信息。

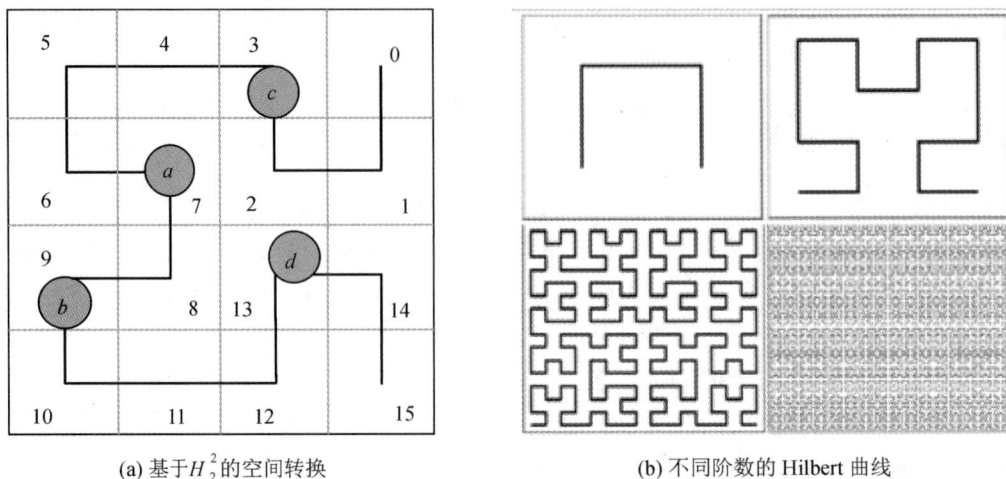

(a) 基于 H_2^2 的空间转换　　　　(b) 不同阶数的 Hilbert 曲线

图 5-1　通过 H_2^2 的 Hilbert 曲线将二维位置坐标转换为 Hilbert 值的示例

算法 5.1 是基于 Hilbert 曲线的位置聚类算法的伪代码。首先为位置集合中的每个位置生成 Hilbert 索引值，然后在一维线性空间中对这些索引值进行扫描，提取其中的聚簇。利用这些信息，我们可以直接对每个时刻的位置数据进行泛化，或者为 K 均值聚类提供参数设定的参考指标。

算法 5.1　线性索引聚类算法 LIC

输入：位置集合 L，缩放因子 s

输出：位置聚簇 C

1. 对位置集合 L 中的每一个位置 l_i，计算其 Hilbert 索引值 h_i
2. 对索引值进行增序排序，得到索引表 H
3. 初始化位置聚簇 $C\leftarrow\varnothing$
4. start $\leftarrow H[0]$
5. $j\leftarrow 1$
6. $C_j \leftarrow \{H[0]\}$
7. **FOR** $i\leftarrow 1$ to $|H|$
8. 　　**IF** $H[i].\text{index}-H[i-1].\text{index}\leqslant s$
9. 　　　　$C_j \leftarrow C_j \cup H[i]$
10. 　　**ELSE**

```
11.        C ← C ∪ Cⱼ
12.        j++
13.        Cⱼ ← {H[i]}
14.    END IF
15. END FOR
16. RETURN C
```

算法 5.1 基于 Hilbert 曲线的一个简单特性，即当两个位置对应的索引足够接近时，这两个位置属于同一个聚簇。通过比例因子即可设定两个索引值之间的距离阈值，超过该值则认为这两个位置属于不同的聚簇。

注：我们不直接使用聚簇的质心作为聚簇的代表元，因为该质心可能没有语义信息，且由此进行的位置泛化过程无法满足用户不同的隐私需求。

图 5-2 所示为一个长度为 3 的轨迹数据集。其中，在不同时刻的位置分布是有差别的。由于位置聚类算法被用来分别处理轨迹数据集中每个时刻的位置数据，因此，在所有的时刻均设置相同的聚类参数（如聚簇个数）不符合实际应用场景的需求。

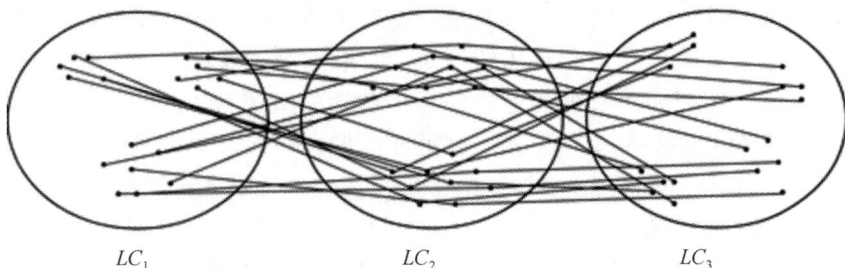

图 5-2 长度为 3 的轨迹数据集示例

图 5-3 所示为位置聚簇在不同的时刻表现出了不同的分布模式，这意味着这些位置数据集应该使用不同的聚簇数量作为聚类算法的配置参数。例如，位置集合 LC_1、LC_2、LC_3 的聚簇数量分别为 3、2 和 4。算法 5.1 根据位置数据集的分布特征，使用一个可伸缩的参数，生成不同时刻的位置聚簇，该方法比传统的聚类方法更适合于位置聚类，能够处理轨迹数据在各个时刻的不同分布状况。

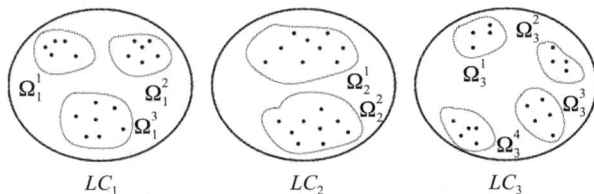

图 5-3 不同时刻的位置聚簇

图 5-4 所示为轨迹数据集在不同时刻的 Hilbert 索引分布情况，可见其不同时刻的索引分布并不相同。为不同时刻的位置数据设置相同的聚簇数量可能会改变原始数据的真实分布特征，从而导致发布的轨迹数据可用性较低。事实上，在不同时刻采用不同的聚簇数量是可行的，可以根据不同的参数（聚簇数量、位置分布、位置重要性等）对原始位置进行泛化，从而提高发布的轨迹数据的可用性。

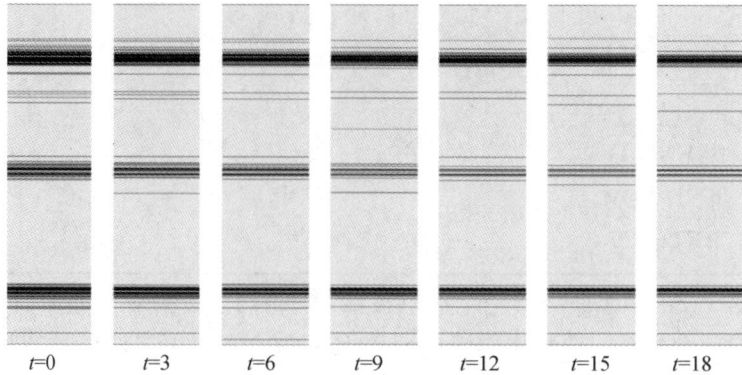

$t=0$　　$t=3$　　$t=6$　　$t=9$　　$t=12$　　$t=15$　　$t=18$

图 5-4　不同时刻的 Hilbert 索引分布情况

▶▶▶ 5.4.3　满足 PDP 的位置代表元生成方法

在 LBS 应用中，位置泛化通常用来保护用户的位置隐私。该方法也可以用来压缩轨迹数据集中每个时刻位置集合的大小。为了对轨迹数据进行泛化，需要对轨迹数据在不同时刻的位置进行泛化。算法 5.1 能够将邻近的位置聚集在一起，但是在满足个性化差分隐私的前提下，生成位置聚簇的代表元则比较困难。如果把聚簇的质心作为其代表元，则可能会导致代表元无语义，因为质心可能是我们无法到达的某个位置。若是此种情况，则具有该聚簇所属位置的轨迹将被视为伪轨迹，从而可以很容易地被过滤掉，无法达到隐私保护的目的。此外，相同时刻可能在多个聚簇中生成无语义的代表元，并且随着轨迹的延伸，导致无语义位置出现的概率增加。

若轨迹所关联的用户具有不同的隐私偏好，则代表元的生成更加复杂。如图 5-4 所示，每个聚簇都有自己的隐私配置 $\boldsymbol{\Omega}_i^k$，即时刻 t_i 的第 k 个聚簇 LC_i^k 的隐私配置信息，其中分配给位置 $l \in LC_i^k$ 的隐私预算为 $\boldsymbol{\Omega}_i^k(l.u)$。轨迹的隐私预算可以通过任意的策略分配给该轨迹各个时刻的位置，例如均匀分配、线性分配、Fibonacci 分配等，隐私预算的分配策略不会影响个性化差分隐私保证。

以下介绍生成满足 PDP 的位置代表元的过程，分两个步骤。

第 1 步：生成抽样位置集。

受抽样机制启发，使用轨迹的部分隐私预算来计算线性索引聚类算法生成的聚簇中各个位置的选中概率。具体地，位置 $l \in LC_i^k$ 的选中概率由以下等式确定：

$$\pi_l = \begin{cases} \dfrac{e^{\boldsymbol{\Omega}_i^k(l.u)} - 1}{e^{\varphi} - 1}, & \boldsymbol{\Omega}_i^k(l.u) < \varphi \\ 1, & \boldsymbol{\Omega}_i^k(l.u) \geqslant \varphi \end{cases}$$

其中，φ 表示隐私预算的阈值。由该等式可见，隐私预算较高的位置更有可能被选为抽样位置集合 $SLC_i^k = S(LC_i^k, \boldsymbol{\Omega}_i^k, \varphi)$ 的成员，该抽样位置集合 $SLC_i^k \subseteq LC_i^k$。

注：阈值 φ 的值可以在区间 $\left[\min\limits_{l.u} \boldsymbol{\Omega}_i^k(l.u), \max\limits_{l.u} \boldsymbol{\Omega}_i^k(l.u)\right]$ 内抽取。

第 2 步：选取代表元。

在生成抽样位置集合 SLC_i^k 之后，采用指数机制来选择对应聚簇的代表元。具体地，采用

指数机制 $\varepsilon_\varphi^s[S(LC_i^k, \boldsymbol{\Omega}_i^k, \varphi)]$ 选择并输出位置 $l\in SLC_i^k$，其概率与 $e^{\frac{\varphi s(SLC_i^k, l)}{2\Delta s}}$ 成正比。其中，$s(SLC_i^k, l)=\dfrac{\boldsymbol{\Omega}_i^k(l.u)}{\max\limits_{l\in SLC_i^k}\boldsymbol{\Omega}_i^k(l.u)}$ 为效用函数，该函数将**抽样位置集合/输出位置**映射为效用值。

定理 5.2　从轨迹数据集时刻 t_i 的第 k 个聚簇 LC_i^k 选择代表元的机制 ε_φ^s 满足个性化差分隐私 $\boldsymbol{\Omega}_i^k$-PDP。

证明　根据个性化差分隐私的定义，需要证明对于任意的邻近位置数据集 L，$L_{-l}\subset LC_i^k$，以及所有的输出集合 $O\in\mathrm{Range}(\varepsilon_\varphi^s)$，满足下式：

$$p\{\varepsilon_\varphi^s[S(L, \boldsymbol{\Omega}_i^k, \varphi)]=O\}\leqslant e^{\boldsymbol{\Omega}_i^k(l.u)}\times p\{\varepsilon_\varphi^s[S(L_{-l}, \boldsymbol{\Omega}_i^k, \varphi)]=O\}$$

根据抽样函数 S 和指数机制 ε_φ^s 的定义，可得到如下等式：

$$p\{\varepsilon_\varphi^s[S(L, \boldsymbol{\Omega}_i^k, \varphi)]=O\}$$
$$=\sum_{Z\subseteq L_{-l}}\{\pi_l p[S(L_{-l}, \boldsymbol{\Omega}_i^k, \varphi)=Z]\}p[\varepsilon_\varphi^s(Z_{+l})=O]+$$
$$\sum_{Z\subseteq L_{-l}}\{(1-\pi_l)p[S(L_{-l}, \boldsymbol{\Omega}_i^k, \varphi)=Z]p[\varepsilon_\varphi^s(Z)=O]\}$$
$$=\sum_{Z\subseteq L_{-l}}\{\pi_l p[S(L_{-l}, \boldsymbol{\Omega}_i^k, \varphi)=Z)p[\varepsilon_\varphi^s(Z_{+l})=O]+$$
$$(1-\pi_l)p[\varepsilon_\varphi^s(S(L_{-l}, \boldsymbol{\Omega}_i^k, \varphi))]=O\}$$

考虑到指数机制 ε_φ^s 的可用性函数为 $s(L, l)=\dfrac{\boldsymbol{\Omega}_i^k(l.u)}{\max\limits_{l\in LC_i^k}\boldsymbol{\Omega}_i^k(l.u)}$，隐私预算为 φ，则根据指数机制的性质，有 $p[\varepsilon_\varphi^s(Z_{+l})=O]\leqslant e^\varphi p[\varepsilon_\varphi^s(Z)=O]$。

因此，等式 $p\{\varepsilon_\varphi^s[S(L, \boldsymbol{\Omega}_i^k, \varphi)]=O\}$ 可重写如下：

$$p\{\varepsilon_\varphi^s[S(L, \boldsymbol{\Omega}_i^k, \varphi)]=O\}$$
$$=\sum_{Z\subseteq L_{-l}}\{\pi_l p[S(L_{-l}, \boldsymbol{\Omega}_i^k, \varphi)=Z]p[\varepsilon_\varphi^s(Z_{+l})=O]+$$
$$(1-\pi_l)p[\varepsilon_\varphi^s(S(L_{-l}, \boldsymbol{\Omega}_i^k, \varphi))]=O\}$$
$$\leqslant\sum_{Z\subseteq L_{-l}}\{\pi_l p[S(L_{-l}, \boldsymbol{\Omega}_i^k, \varphi)=Z]e^\varphi p[\varepsilon_\varphi^s(Z)=O]+$$
$$(1-\pi_l)p[\varepsilon_\varphi^s(S(L_{-l}, \boldsymbol{\Omega}_i^k, \varphi))]=O\}$$
$$=e^\varphi\pi_l p\{\varepsilon_\varphi^s[S(L_{-l}, \boldsymbol{\Omega}_i^k, \varphi)]=O\}+(1-\pi_l)p\{\varepsilon_\varphi^s[S(L_{-l}, \boldsymbol{\Omega}_i^k, \varphi)]=O\}$$
$$=\{(e^\varphi\pi_l+1-\pi_l)p\varepsilon_\varphi^s[S(L_{-l}, \boldsymbol{\Omega}_i^k, \varphi)]=O\}$$

其中，位置 l 被抽样机制选中的概率为 π_l。

对于上式中的 $e^\varphi\pi_l+1-\pi_l$，其计算需要考虑两种情况。第一种情况，如果位置 l 所分配的隐私预算 $\boldsymbol{\Omega}_i^k(l.u)$ 大于或等于 φ，则有 $e^\varphi\pi_l+1-\pi_l=e^\varphi\leqslant e^{\boldsymbol{\Omega}_i^k(l.u)}$，从而可以得到不等式 $p\{\varepsilon_\varphi^s[S(L, \boldsymbol{\Omega}_i^k, \varphi)]=O\}\leqslant e^{\boldsymbol{\Omega}_i^k(l.u)}p\{\varepsilon_\varphi^s[S(L_{-l}, \boldsymbol{\Omega}_i^k, \varphi)]=O\}$，即满足 $\boldsymbol{\Omega}_i^k$-PDP。第二种情况，如果位置 l 所分配的隐私预算 $\boldsymbol{\Omega}_i^k(l.u)$ 小于 φ，则有 $e^\varphi\pi_l+1-\pi_l=e^{\boldsymbol{\Omega}_i^k(l.u)}$，也满足 $\boldsymbol{\Omega}_i^k$-PDP。因此，在时刻 t_i 的第 k 个聚簇 LC_i^k 中选择代表元的过程满足 $\boldsymbol{\Omega}_i^k$-PDP。

5.5 隐私分析

假定原始轨迹数据集的大小为 $|D|$，且所有的轨迹数据的时间标签取自相同的时间域，每一条轨迹包含 n 个位置。由定理 5.1 可知，从轨迹数据集时刻 t_i 的第 k 个聚簇 LC_i^k 选择代表元的机制 ε_φ^s 满足个性化差分隐私 $\boldsymbol{\Omega}_i^k$-PDP。

为了证明轨迹泛化过程满足个性化差分隐私，接下来，我们证明在时刻 t_i 选择各个聚簇代表元的过程满足 $\boldsymbol{\Omega}_i$-PDP，其中，$\boldsymbol{\Omega}_i = \bigcup_k \boldsymbol{\Omega}_i^k$。

证明 由轨迹数据库的定义，在时刻 t_i 的任意两个聚簇不存在交集，即对满足 $\boldsymbol{\Omega}_i^k$-PDP 和 $\boldsymbol{\Omega}_i^j$-PDP 的聚簇 LC_i^k，LC_i^j，有 $\boldsymbol{\Omega}_i^k \bigcap \boldsymbol{\Omega}_i^j = \varnothing$。那么，对任意邻近位置数据集 L，$L_{-l} \subset LC_i^k \bigcup Lc_i^j$，分两种情况进行讨论。

情况 1：如果位置 l 所属的用户 $l.u \in U_i^k \setminus U_i^j$，其中 U_i^k 即为与隐私配置 $\boldsymbol{\Omega}_i^k$ 关联的用户集合。令机制 $\boldsymbol{A}_3(L) = f\{\varepsilon_{\varphi_1}^s[S(L \bigcap LC_i^k, \boldsymbol{\Omega}_i^k, \varphi_1)], \varepsilon_{\varphi_2}^s[S(L \bigcap LC_i^j, \boldsymbol{\Omega}_i^j, \varphi_2)]\}$，其中 f 是任意的以指数机制 $\varepsilon_{\varphi_1}^s$ 和 $\varepsilon_{\varphi_2}^s$ 的输出作为其输入的方法。对所有的集合 $O \in \mathrm{Range}(\boldsymbol{A}_3)$，有

$$p(\boldsymbol{A}_3(L) = O) = \sum_{f(O_1, O_2) = O} p\{\varepsilon_{\varphi_1}^s[S(L \bigcap LC_i^k, \boldsymbol{\Omega}_i^k, \varphi_1)] = O_1\} \times$$
$$p\{\varepsilon_{\varphi_2}^s[S(L \bigcap LC_i^j, \boldsymbol{\Omega}_i^j, \varphi_2)] = O_2\}$$

由 $l.u \in U_i^k \setminus U_i^j$，可得 $U(L) \bigcap U_i^j = U(L_{-l}) \bigcap U_i^j$。因此，上式可以改写如下：

$$p(\boldsymbol{A}_3(L) = O) \leqslant \sum_{f(O_1, O_2) = O} \{\mathrm{e}^{\boldsymbol{\Omega}_i^k(l.u)} p[\varepsilon_{\varphi_1}^s(S(L_{-l} \bigcap LC_i^k, \boldsymbol{\Omega}_i^k, \varphi_1)) = O_1]\} \times$$
$$p\{\varepsilon_{\varphi_2}^s[S(L_{-l} \bigcap LC_i^j, \boldsymbol{\Omega}_i^j, \varphi_2)] = O_2\}$$
$$= \mathrm{e}^{\boldsymbol{\Omega}_i^k(l.u)} p[\boldsymbol{A}_3(L_{-l}) = O]$$

情况 2：即 $l.u \in U_i^j \setminus U_i^k$，也可用上述方法进行证明。

因此，对于在时刻 t_i 的任意两个聚簇 LC_i^k，LC_i^j，机制 $\boldsymbol{A}_3(L)$ 满足 $\boldsymbol{\Omega}_{\boldsymbol{A}_3}$-PDP，其中 $\boldsymbol{\Omega}_{\boldsymbol{A}_3} = \{[u, \boldsymbol{\Omega}_i^k(u)] \mid u \in U_i^k \setminus U_i^j\} \bigcup \{[u, \boldsymbol{\Omega}_i^j(u)] \mid u \in U_i^j \setminus U_i^k\}$。由于任意的用户集合均无交集，因此，可以将隐私配置 $\boldsymbol{\Omega}_{\boldsymbol{A}_3}$ 简化为 $\boldsymbol{\Omega}_{\boldsymbol{A}_3} = \{[u, \boldsymbol{\Omega}_i^k(u)] \mid u \in U_i^k\} \bigcup \{[u, \boldsymbol{\Omega}_i^j(u)] \mid u \in U_i^j\}$。

假设在时刻 t_i 共有 m 个位置聚簇，通过重复上述的组合过程，即可得到 $\boldsymbol{\Omega}_{\boldsymbol{A}_3}$，$\boldsymbol{\Omega}_{\boldsymbol{A}_4}$，$\cdots$，$\boldsymbol{\Omega}_{\boldsymbol{A}_{m+1}}$，其中，$\boldsymbol{\Omega}_{\boldsymbol{A}_{m+1}} = \{(u, \boldsymbol{\Omega}_i^1[u]) \mid u \in U_i^1\} \bigcup \{(u, \boldsymbol{\Omega}_i^2[u]) \mid u \in U_i^2\} \bigcup \cdots \bigcup \{(u, \boldsymbol{\Omega}_i^m[u]) \mid u \in U_i^M\}$。类似地，可以证明机制 $\boldsymbol{A}_{m+1}$ 满足 $\boldsymbol{\Omega}_{\boldsymbol{A}_{m+1}}$-PDP。因此，在时刻 t_i 选择代表元的过程满足 $\boldsymbol{\Omega}_{\boldsymbol{A}_{m+1}}$-PDP。为简化叙述，用 LC_i 和 $\boldsymbol{\Omega}_i$ 分别表示时刻 t_i 的位置集合与用户的隐私配置，即该过程满足 $\boldsymbol{\Omega}_i$-PDP，证毕。

由于一条轨迹包含 n 个位置以及与其关联的时间戳，接下来还需要证明对于轨迹的每个时刻，泛化过程满足个性化差分隐私。

证明 使用 $\boldsymbol{B}_i$ 表示作用在位置集合 LC_i 上的机制，由前面的分析可知，该机制满足

$\mathbf{\Omega}_i$-PDP。

对任意的邻近轨迹数据集 D，$D_{-T} \subset U_i LC_i$，令机制 $\boldsymbol{G}(D) = g(\boldsymbol{B}_1(D \cap LC_1), \boldsymbol{B}_2(D \cap LC_2), \cdots, \boldsymbol{B}_n(D \cap LC_n))$。其中，$g$ 是任意的以机制 $\boldsymbol{B}_i$ 的输出作为其输入的方法。

则对于所有的集合 $O \in \mathrm{Range}(\boldsymbol{G})$，有

$$p\ (\boldsymbol{G}(D) = O) = \sum_{g(O_1, O_2, \cdots, O_n) = O} p\ [\boldsymbol{B}_1(D \cap LC_1) = O_1] \cdots p\ [\boldsymbol{B}_n(D \cap LC_n) = O_n]$$

由 $\boldsymbol{B}_i$ 满足 $\boldsymbol{\Omega}_i$-PDP，可得 $p\ [\boldsymbol{B}_i(D \cap LC_i) = O_i] \leqslant e^{\boldsymbol{\Omega}_i(T.u)} p\ [\boldsymbol{B}_i(D_{-T} \cap LC_i) = O_i]$，因此，$p\ [\boldsymbol{G}(D) = O]$ 可以重写如下：

$$p\ [\boldsymbol{G}(D) = O]$$
$$\leqslant \sum_{g(O_1, O_2, \cdots, O_n) = O} e^{\boldsymbol{\Omega}_1(T.u)} p\ [\boldsymbol{B}_1(D_{-T} \cap LC_1) = O_1] \cdots e^{\boldsymbol{\Omega}_n(T.u)} p\ [\boldsymbol{B}_n(D_{-T} \cap LC_n) = O_n]$$
$$= e^{\boldsymbol{\Omega}_1(T.u) + \cdots + \boldsymbol{\Omega}_n(T.u)} \sum_{g(O_1, O_2, \cdots, O_n) = O} p\ [\boldsymbol{B}_1(D_{-T} \cap LC_1) = O_1] \cdots p\ [(\boldsymbol{B}_n(D_{-T} \cap LC_n) = O_n]$$
$$= e^{\sum_{i=1}^{n} \boldsymbol{\Omega}_i(T.u)} p\ [\boldsymbol{G}(D_{-T}) = O]$$

因此，机制 $\boldsymbol{G}$ 满足 $\boldsymbol{\Omega}$-PDP，其中 $\boldsymbol{\Omega} = \left\{ \left[u, \sum_{i=1}^{n} \boldsymbol{\Omega}_i(u) \right] \mid u \in \cap_i U_i \right\}$，$U_i$ 表示隐私配置 $\boldsymbol{\Omega}_i$ 所对应的用户集合。注意到，所有时刻的用户集合都是完全相同的，即 $U_1 = U_2 = \cdots = U_n$，从而可以将 $\boldsymbol{\Omega}$ 简化为 $\boldsymbol{\Omega} = \left\{ \left[u, \sum_{i=1}^{n} \boldsymbol{\Omega}_i(u) \right] \mid u \in U_1 \right\}$。需要指出的是，用户的隐私预算可以采用任意的策略分配给不同的位置。

5.6　实　验　评　估

在本节中，通过实验比较了我们提出的方法与基于标准差分隐私的轨迹发布方法在数据可用性与性能方面的表现。实验在 Intel Xeon E3-1505M 2.8 GHz 处理器、16 GB 内存计算机上完成。

5.6.1　实验设置与数据集

实验中使用的真实轨迹数据集来自 T-Drive，该数据集包含 2008 年 2 月 2 日至 2 月 8 日北京的 10 357 辆出租车的 GPS 轨迹。轨迹数据集中的每条记录由出租车 ID、时间戳和当前位置(经度、纬度)组成。由于轨迹的时间戳并不统一，我们不能直接使用这个数据集进行实验。因此，我们从 8:30 到 14:30 的时间段中提取轨迹记录，发现有意义的轨迹包含的位置数量在 20 到 37 之间变化。为了获得尽可能多的轨迹，从每条轨迹中提取 20 个位置。此外，每条轨迹上相邻位置之间的时间间隔不少于 10 分钟。经过该处理过程，共获得 6225 条轨迹。使用墨卡托投影将各个位置的经纬度信息转换成平面坐标，便于直观显示。

图 5-5 所示为原始 T-Drive 轨迹数据，图 5-6 所示为用于发布的泛化轨迹数据。

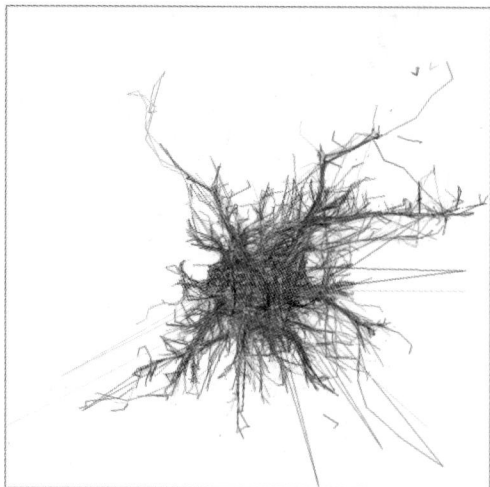

图 5-5　原始 T-Drive 轨迹数据

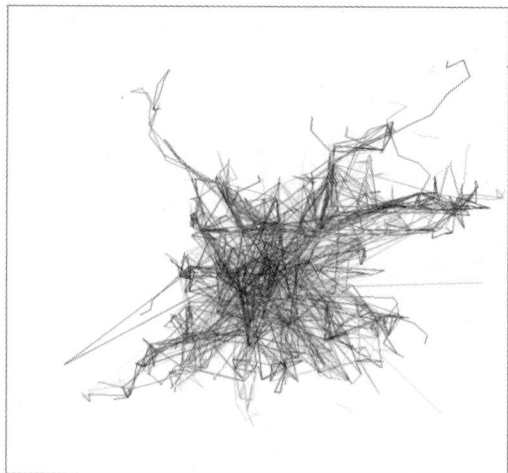

图 5-6　泛化后的轨迹数据

假定用户具有不同的隐私偏好，用户（即轨迹的所有者）被随机分成 3 组，包括自由派（具有较低的隐私需求）、保守派（具有较高的隐私需求）和中间派（具有适中的隐私需求）。关于不同类别用户比例的设定，使用参数 f_M 和 f_C 分别表示中间派用户和保守派用户在所有用户中所占的比例，则自由派用户所占的比例即为 $1-(f_M+f_C)$。基于对用户隐私偏好的调研，设定 $f_M=0.37$，$f_C=0.54$，并设定对应的隐私预算 $\varepsilon_M=0.2$，$\varepsilon_C=0.01$，$\varepsilon_L=1$。中间派和保守派用户的隐私预算分别在区间 $[\varepsilon_M, \varepsilon_L]$、$[\varepsilon_C, \varepsilon_M]$ 中随机抽取，自由派用户的隐私预算则固定为 ε_L。抽样机制的隐私预算阈值 φ 设定为 $\dfrac{1}{|LC_i^k|}\sum\limits_{l\in LC_i^k}\mathbf{\Omega}(l.u)$，即取各个聚簇隐私预算的平均值作为阈值。

5.6.2　可用性评估

1. 实验一

本实验比较基于统一隐私预算的方法 UDP(Uniform Differential Privacy) 和 SPDP (Sample based Personalized Differential Privacy) 在真实轨迹数据集上的可用性。

假定发布的轨迹数据集 D' 包含的轨迹数量与原始轨迹数据集 D 相同，使用轨迹平均距离 AvgTrjDist(D', D) 来评估发布轨迹的质量。

$$\text{AvgTrjDist}(D', D)=\frac{1}{n|D|}\sum_{T'_i\in D', T_i\in D}d(T'_i, T_i)$$

其中，$d(T'_i, T_i)$ 表示泛化轨迹 T'_i 和原始轨迹 T_i 之间的距离，通过计算两条轨迹每个时刻位置之间的欧氏距离得到，较小的轨迹平均距离值可以表示更高的数据可用性。

UDP 使用的隐私预算从 0.4 至 1.2 取值，UDP 和 SPDP 使用不同的方法和参数对每个时刻的位置数据进行聚类。首先，研究聚簇数量和缩放因子之间的关系，其中缩放因子是 SPDP 方法的输入参数，它们之间的关系如图 5-7 所示。聚簇数量随着缩放因子的增加而逐渐降低。当 Hilbert 曲线阶数较高时，则需要使用更大的缩放因子，从而获得与 Hilbert 曲线阶数较低的聚类方法类似的聚簇数量。这是由于使用较高的曲线阶数时，位置数据所对应的索引范围会呈指数级别的增长，且索引之间的分布间距也会急剧变大，需要采用更大的缩放因子来平衡这种差异。在实验中，为了更精确地刻画位置数据的分布状态，设置 Hilbert 曲线阶数为 12。

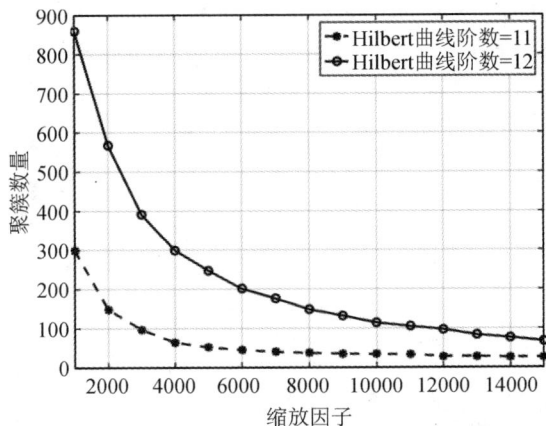

图 5-7　缩放因子与聚簇数量的关系

图 5-8 所示为不同方法生成的发布轨迹数据集与原始轨迹数据集的轨迹平均距离，由图可见，该距离随着聚簇数量以及隐私预算的变化而改变。从直观上说，在一个轨迹数据集中的任何时刻，都应当存在一个最优的聚簇数量，并且其生成的发布数据集的平均轨迹距离应当随着聚簇数量接近这个最优值而不断下降。SPDP 所生成的泛化轨迹数据集的可用性与隐私预算为 0.4 的 UDP 方法接近。在 SPDP 中，由于用户具有不同的隐私需求，并且保守派用户所占比例为 54%，这会降低保守派用户数据被选为位置代表元的概率，因此 SPDP 生成轨迹数据集的可用性要略低于 UDP。然而，SPDP 能够给用户提供个性化的隐私保护，使得隐私预算较低用户的数据也能够以受控的概率构成发布的轨迹数据集，这是 UDP 所不能提供的。

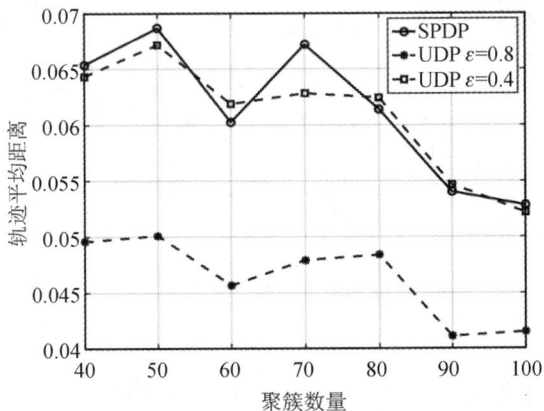

图 5-8　不同方法生成的发布轨迹数据集与原始轨迹数据集的轨迹平均距离

图 5-9 所示为在使用不同的聚簇数量 K 时,对轨迹数据集第一个时刻的位置进行聚类的结果。由该图可见,随着聚簇数量的增加,位置集合的划分粒度也越细,可以推测生成的聚簇也会更加接近位置集合的真实分布。对不同时刻的聚簇结果进行分析,发现不同时刻的位置分布有所差异,因此,对轨迹数据集进行位置泛化,需要考虑其不同时刻的分布差异,以选择适应当前时刻的划分参数。在给定 Hilbert 曲线阶数的情况下,原始的位置坐标被转换为一维索引,索引分布的疏密即可表示位置分布的聚簇状态,从而能够通过使用相同的缩放因子在不同时刻进行线性索引聚类,并在不同时刻生成不同数量的聚簇,以降低生成聚簇的平均距离。

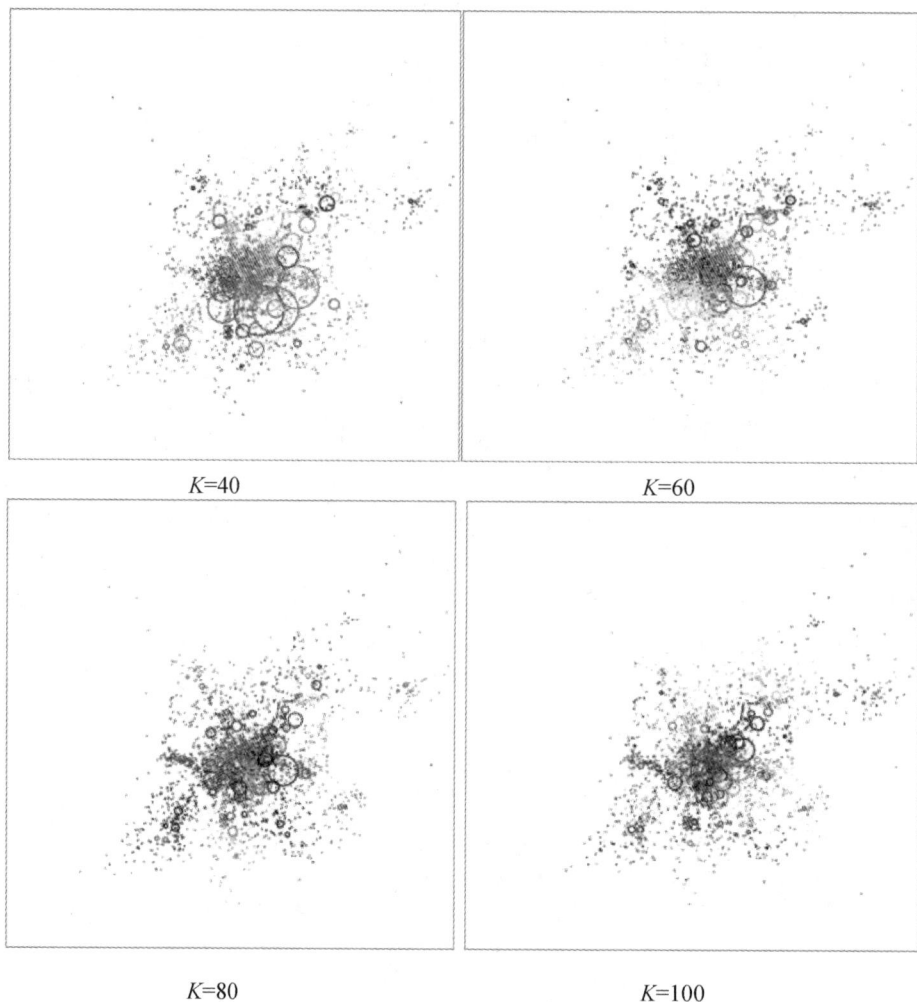

$K=40$ $K=60$

$K=80$ $K=100$

图 5-9 使用不同聚簇数量所生成的位置聚簇

2. 实验二

为进一步评估发布轨迹数据集 D' 的可用性,本实验通过计数查询 $Q(D') = |\{T | T \in D', t \subseteq T\}|$ 来测试生成的泛化轨迹数据集的效用。

给定待查询轨迹 t,计算轨迹数据集 D' 中有多少条轨迹包含轨迹 t。设定查询轨迹长度

分别为 4、8、12、16、20，分别随机生成 5000 个计数查询，每个计数查询的位置则随机取自该时刻的原始位置集合，重复运行 20 次并取相对误差的平均值作为实验结果。计数查询 Q 的相对误差由 $\dfrac{|Q(D')-Q(D)|}{\max\{Q(D),s\}}$ 计算，其中，s 是用于防止查询 $Q(D)$ 的结果集轨迹数量过小而设置的下界，在实验中，其取值设定为数据集中轨迹数量的 0.1%。

计数查询的平均相对误差在不同查询长度和聚簇数量下的变化如图 5-10 所示。平均相对误差随着查询长度和聚簇数量的增加而呈下降趋势，这是由于较长的查询轨迹产生的查询结果误差也较小，且聚簇数量的增加能够降低位置泛化的误差。SPDP 的平均相对误差与隐私预算为 0.8 的 UDP 相比，在查询长度大于 12 时非常接近，说明 SPDP 能够在保证保守派用户隐私需求的同时，提供较高的数据可用性。

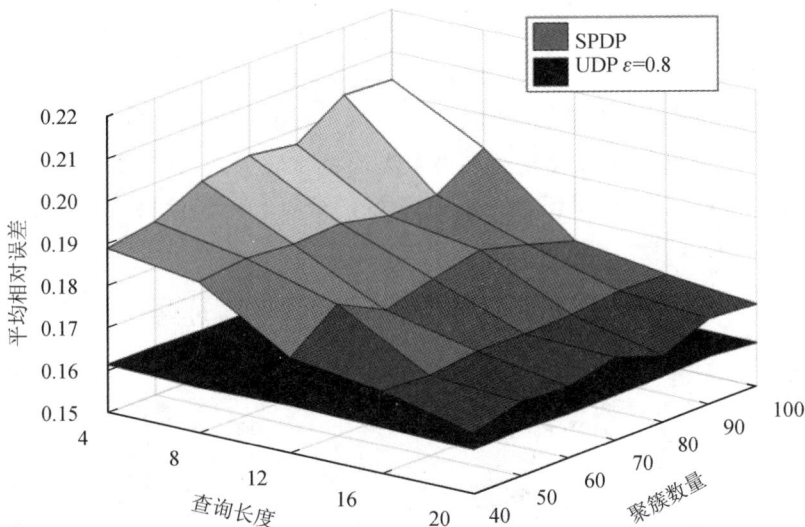

图 5-10　发布轨迹数据集的计数查询平均相对误差

3. 实验三

为进一步研究不同方法生成位置聚簇的可用性，本实验比较了度量 UDP 和 SPDP 在时刻 t_i 的泛化效果。

UDP 和 SPDP 均需要对每个时刻的位置集合进行泛化，并且后续处理过程都基于位置集合泛化的结果。使用聚簇平均距离 MeanDist(t_i) 来度量 UDP 和 SPDP 在时刻 t_i 的泛化效果。

$$\text{MeanDist}(t_i)=\frac{1}{mn\,|\,LC_i^k\,|}\sum_{k=1}^{m}\sum_{T_j^i\in LC_i^k}d(T_j,\widetilde{T_k})$$

其中，$\widetilde{T_k}(i=1,2,\cdots,m)$ 表示时刻 t_i 的第 k 个聚簇的平均轨迹。

图 5-11 所示为线性索引聚类方法(LIC 算法)和 K 均值聚类方法在不同时刻所生成聚簇的平均距离均值。LIC 算法的聚簇平均距离均值要低于 K 均值算法，并且该均值随着聚簇数量的增加而降低。由聚簇平均距离的定义可知，该值会随着聚簇数量的增加而不断减小。聚簇数量的增加意味着被放入错误聚簇的位置会减少，特别地，如果聚簇数量接近轨迹数据集的规模，会使得每个聚簇仅包含一个位置，从而导致在聚簇平均距离中几乎不会

引入误差，此时聚簇的平均距离会趋近 0。

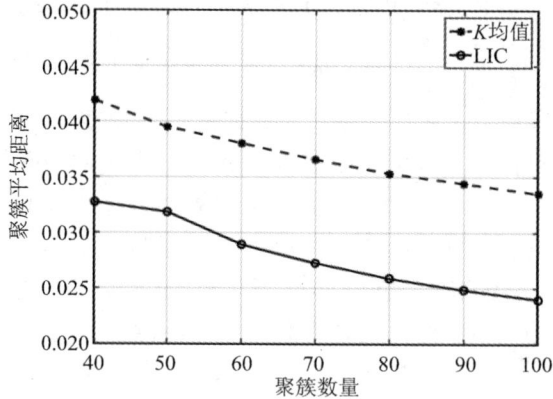

图 5 - 11　聚类算法所生成聚簇的平均距离

本实验还研究了聚类算法在不同时刻所生成位置聚簇的平均距离，如图 5 - 12 所示。在大部分时刻，LIC 算法所生成聚簇的平均距离均显著低于 K 均值算法的，其值与 K 均值算法相比，要低 28.4%，说明 LIC 算法具有较好的聚类和距离保持特性，更适合于空间聚类应用。

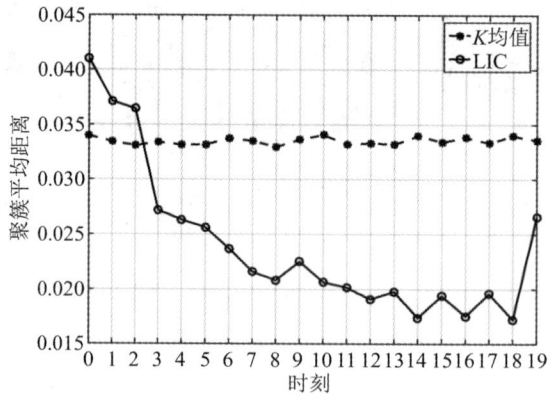

图 5 - 12　聚类算法在不同时刻所生成位置聚簇的平均距离

▶▶▶ 5.6.3　性能评估

UDP 在位置泛化过程中使用了 K 均值算法，该算法消耗了轨迹数据生成过程中的大部分计算资源。因此，在性能评估方面，比较了 LIC 算法和 K 均值算法在不同聚簇数量时的处理时间。图 5 - 13 所示为 LIC 算法和 K 均值算法对真实数据集所有时刻的位置进行聚类的平均处理时间。由图可见，K 均值算法消耗了更多的时间来生成最终的位置聚簇，这是由于 K 均值算法需要一定的迭代次数来收敛到设定的中心偏差值，LIC 算法则是通过单向线性扫描来实现对一维索引值的聚类，不需要进行多次迭代。与 K 均值算法相比，LIC 算法在选择不同的缩放因子时，处理时间差别不大，这使得 LIC 算法的聚类参数选择过程开销较低，适用于规模较大的位置数据集。

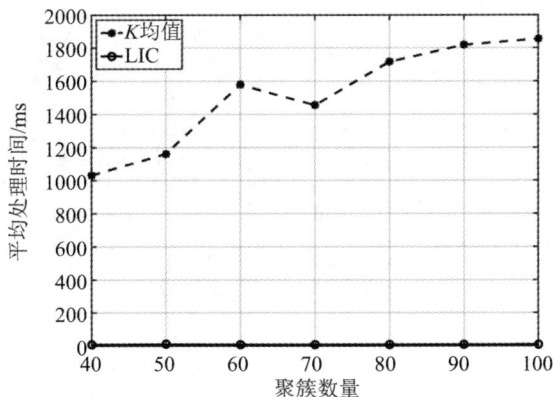

图 5-13　聚类算法进行聚类的平均处理时间

本 章 小 结

　　本章将轨迹数据发布中用户所具有的不同隐私需求定义为隐私配置，基于此提出了一种满足个性化差分隐私需求的轨迹数据发布方法。对轨迹数据集中不同时刻的位置数据使用基于 Hilbert 索引的线性扫描聚类算法进行处理，该算法不需要对每个时刻设定相同的聚簇数量，更符合真实轨迹数据在不同时刻的分布特征。在此基础上，利用抽样机制对各个原始聚簇进行抽样，获得抽样位置聚簇，进而使用指数机制选择各个聚簇的位置代表元。最后通过位置代表元对原始轨迹数据进行泛化处理，生成用于发布的轨迹数据集。通过理论分析，证明了该机制能够满足隐私配置所定义的个性化差分隐私。在真实轨迹数据集上的实验表明，与标准差分隐私机制相比，该方案在隐私保护和数据可用性之间取得了很好的平衡，而且该方案所生成的位置代表元由原始位置集合中产生，不会导致无语义的代表元生成，从而保证了泛化轨迹能够抵抗过滤攻击。在未来的工作中，我们将研究处理动态流式轨迹数据的算法，以适应未来轨迹数据处理的需求。

第 6 章　基因数据隐私保护

人类基因测序技术的快速发展以及测序成本的大幅降低使基因数据得到了广泛的应用。由于基因数据与个体的身份、表型和血缘关系等敏感信息相关联,因此若使用和管理不当则容易导致个体的隐私信息泄露。在全基因组的单核苷酸多态性与疾病关联研究中,单核苷酸多态性与患者的身份、表型和血缘关系等敏感信息相关联,单核苷酸多态性连锁不平衡容易导致患者的隐私信息泄露。

基于这个背景,本章提出了基因数据的差分隐私保护模型。该模型可以实现单核苷酸多态性连锁不平衡下全基因组关联研究中基因数据隐私与效用的权衡,并对单核苷酸多态性连锁不平衡下的基因隐私保护具有促进作用。最终算法对原始数据加以保护,同时保证了一定的数据效用,实现基因数据的隐私性和效用性平衡。

6.1　基因隐私背景知识

基因数据是对人类脱氧核糖核酸(Deoxyribonucleic Acid,DNA)序列的总称,是富含人类重要信息的生物大数据。其中,DNA 是生物遗传信息的携带者,它与生物的繁殖、遗传及变异密切相关。DNA 序列中包含 30 亿由 4 种核苷酸(腺嘌呤 A、鸟嘌呤 G、胸腺嘧啶 T、胞嘧啶 C)组成的碱基对,人类有 99.9% 共同的 DNA 序列,其中大约有 5000 万变异发生,而单核苷酸多态性(Single Nucleotide Polymorphism,SNP)大概有 300 万。

SNP 是最常见的 DNA 变异,SNP 是指个体 DNA 序列同一位置单个核苷酸变异所引起的多态性。SNP 变异由单个碱基的转换(C↔T,在其互补链上则为 C↔A)或颠换(C↔A,G↔T,C↔G,A↔T)所引起,一般所说的 SNP 变异由碱基转换所致。通常在每个 SNP 位点上的两个不同核苷酸,也被称为等位基因(等位基因是同源染色体上的相同位点控制同一性状的不同形式的基因),其中一个是高频率的主要等位基因,另一个是低频率的次要等位基因。SNP 的连锁不平衡(Linkage Disequilibrium)是一种普遍存在的生物现象,指的是基因序列中任意两个邻近 SNP 之间的等位基因在多代遗传中的非随机组合现象。

全基因组关联研究(GWAS)作为基因组学重要的研究方法,通过患病群体与正常群体的全基因组序列比对,利用统计分析发现对疾病发生有显著影响的遗传变异位点,即单核苷酸多态性 SNP 位点,再结合性别、年龄、种族等协变量,利用回归分析研究协变量与显著 SNP 位点对疾病的共同作用,可以揭示疾病发生的原因。例如,载脂蛋白 E (Apolipoprotein E)基因的两个 SNP(rs7412 和 rs429358)会增加患阿尔茨海默病的风险。此外,在基因组序列中只需 30~80 个独立的 SNP 位点就可以唯一重识别个体,进而导致其关联的个人敏感信息泄露。综上,由于基因数据可以关联表型、血缘关系和疾病等个人敏感信息,而且可能唯一标识人类个体,因此如果没有适当地对基因数据进行隐私保护,将会阻碍科学研究的进步和发展,并给人类社会带来巨大影响。

近年来,以二代测序技术为代表的高通量测序技术发展迅速,且测序成本大幅降低,由此会产生海量高维的基因数据。数据的大爆炸增大了隐私保护的需求,基因数据泄露后会产生严重后果,守护基因大数据隐私成为当今亟待解决的问题。

一方面,我们需要联合法律法规和隐私保护技术来实现对基因数据的隐私保护。目前,国内尚未有专门的基因隐私保护的法律法规。美国于 1996 年颁布了 HIPAA(Health Insurance Portability and Accountability Act)禁止基因歧视。另一方面,我们需要研究如何使用技术手段保障基因数据的安全。因此,本章提出基因差分隐私保护模型,以期实现基因隐私保护与数据效用之间的平衡。

6.2　基因隐私保护现状

基因数据广泛用于科学研究、面向消费者服务和法律与司法鉴定等。除了专门的基因隐私保护法律法规外,还需要隐私保护技术来实现基因数据的隐私保护。目前,主要有 3 类基因隐私保护方法,分别是密码学、安全多方计算和差分隐私。

6.2.1　基于密码学的基因隐私保护

基于密码学的基因数据隐私保护的成果主要有:Chen 等提出隐私保护分布式协作框架 PRINCESS,并使用 AES-GCM(Advanced Encryption Standard in Galois Counter mode)加密所有基因数据,PRINCESS 为了保护健康信息的隐私,对加密数据执行安全的分布式计算,从分布式基因数据中分析罕见疾病,为了防止不可信用户解密后分析基因数据导致的隐私泄露,使用同态加密直接对密文进行计算;Ayday 使用 Paillier 密码系统和 Honey 加密方法保护基因数据的隐私;Wang 等在同态加密的确切逻辑回归的基础上提出 HEALER 框架,使用基于惩罚似然的确切逻辑回归(Exact Logistic Regression)减少偏差的方法,可以发现罕见变异与疾病易感性的关系,便于在 GWAS 中安全地实现小抽样的罕见疾病变异分析;Shimizu 等基于加法同态加密的不经意传输(Oblivious Transfer)隐藏序列查询和感兴趣的基因区域，实现查询和结果的隐私保护。

基于密码学来保护基因数据存在一定的局限性，由于同态加密基于有限域数学理论，计算效率非常低，同时在不可信用户解密后同样面临隐私泄露的问题。

6.2.2 基于安全多方计算的基因隐私保护

安全多方计算是一种为合作计算提供隐私保护的通用密码学原语，指的是在不泄露参与方的隐私输入和输出的前提下让分布式参与方合作计算任意函数。在这个过程中，安全性要求每个参与方除得到自己的目标输出之外，不能得到更多的信息。在这里，功能性是一个通用的概念，几乎可以指任意密码学任务，比如加密、认证、零知识证明、承诺方案、不经意传输和其他非密码学协议。也就是说，面向应用的任务包括合同签署、电子投票、机器学习、基因数据处理等等。

安全计算编辑距离(Edit Distance)在医学的个人基因数据和公共健康领域呈现出许多有趣的应用。Wang 等结合基因编辑距离近似算法和隐私集合差大小协议设计隐私编辑距离协议，并基于此设计了全基因组安全相似患者查询系统 GenSets。最近的研究表明，个体的微生物 DNA 序列与人类个体标识相符合，并且可以关联基因数据集中敏感属性的实际身份。目前，DNA 隐私保护分析工具不满足微生物测序研究的要求，为了解决微生物测序的隐私问题，Wagner 等使用安全计算实现宏基因组分析。

基于安全多方计算来保护基因数据也存在一定的局限性，基因数据在安全计算中计算效率低，而且通信代价高。

6.2.3 基于差分隐私的基因隐私保护

差分隐私用于公开分享数据集信息的系统，它在描述数据集群体特征的同时保护了数据集中的个人信息。差分隐私的理念是，如果在数据库中进行任意单次更迭的影响足够小，那么查询结果就不能用于推断任何单一个体的大量信息，因此个体的隐私得以保证。

差分隐私已经广泛应用于基因数据。例如，在 DNA 数据选择过程中，Zhao 等利用连锁不平衡将高维单体型降维到单体型块，并通过对单体型块的次要等位基因计数加噪产生差分隐私实验数据集，不但保护了患者的隐私，而且保证了 DNA 数据的效用。在隐私保护数据选择中仅仅通过对次要等位基因计数加噪来实现差分隐私；由于隐私攻击对参与GWAS 患者的隐私具有潜在的威胁，Cai 等提出差分隐私技术是一个有希望的研究方向，差分隐私通过注入随机噪声到基因型频率、基因型—疾病关联性和基因型—基因型关联性统计值。

现有的工作主要有两方面的局限性：

(1) 没有从基因数据而仅仅是从 GWAS 中的统计值上实现患者的差分隐私；

(2) 由于基因型数据只包含数值 0、1 和 2，如果对基因数据直接使用差分隐私机制将导致基因数据效用灾难。

6.3　相关基础知识

6.3.1　基因组

尽管人类的 DNA 大部分是相同的，但是产生变异的位点大约有 5000 万，其中 SNP 是人类最常见的 DNA 变异。由于每个 SNP 位点的两个核苷酸分别从父亲和母亲的基因中遗传而来，因此可能是高频率的主要等位基因，也可能是低频率的次要等位基因。

假设个体的第 i 个 SNP 位点表示为 g_i，它具有次要等位基因的频率为 f_i，那么一个个体的基因型 SNP 的次要等位基因频率可以表示为 m 维向量 $(f_1, f_2, \cdots, f_m)$。若用 B 表示主要等位基因，用 b 表示次要等位基因，B，b $\in$ {A，C，G，T}，将 BB 编码为 0，Bb 编码为 1，编码 bb 为 2。在人类基因组序列中，每个序列可以表示为有序的 SNP 序列 g_1，g_2，$\cdots$，g_m，其中，每个 $g_i \in \{0, 1, 2\}$。

考虑 SNP 序列作为个体的基因数据，称为二倍体基因型，单倍体基因型对应一条染色体，而二倍体基因型对应一组染色体。其中，每个基因型取值属于集合 $\{0, 1, 2\}$。

6.3.2　矩阵运算

定义 6.1（矩阵）　由 $m \times n$ 个数 a_{ij} 排成的 m 行 n 列的数表称为 m 行 n 列矩阵，简称 $m \times n$ 矩阵。记作：

$$A = \begin{bmatrix} a_{11} & a_{12} & \cdots & a_{1n} \\ a_{21} & a_{22} & \cdots & a_{2n} \\ \vdots & \vdots & & \vdots \\ a_{m1} & a_{m2} & \cdots & a_{mn} \end{bmatrix}$$

矩阵的加法运算可表示为：对于两个 $n \times m$ 矩阵 $\boldsymbol{S} = (s_{ij})$ 和 $\boldsymbol{T} = (t_{ij})$，$1 \leqslant i \leqslant n$，$1 \leqslant j \leqslant m$。$\boldsymbol{S}$ 和 $\boldsymbol{T}$ 之间的加法运算定义为 $(c_{ij}) = (s_{ij}) + (t_{ij})$，其中，$c_{ij} = s_{ij} + t_{ij}$。另外，round$(\boldsymbol{S})$ 表示运用四舍五入规则将矩阵 $\boldsymbol{S}$ 中的元素取整的近似运算。

矩阵加法运算的常用性质如下：

（1）交换律：$\boldsymbol{A} + \boldsymbol{B} = \boldsymbol{B} + \boldsymbol{A}$；

（2）结合律：$(\boldsymbol{A} + \boldsymbol{B}) + \boldsymbol{C} = \boldsymbol{A} + (\boldsymbol{B} + \boldsymbol{C})$；

（3）$\boldsymbol{A} + \boldsymbol{0} = \boldsymbol{A}$；

（4）$\boldsymbol{A} + (-\boldsymbol{A}) = \boldsymbol{0}$。

6.3.3　模余运算

模运算的特点是取模所得的值必定会落在模的范围内，因此其在数论和程序设计中都有着广泛的应用，从奇偶数的判别到素数的判别，从模幂运算到最大公约数的求法，从孙子问题到凯撒密码问题，无不用到模运算。

定义 6.2（模余运算） 给定整数 s、t、q 和 r，余数 $r = s - qt$ 表示为 $r = s \bmod t$ $(0 < r < t)$，该运算称为模余运算。

注：如果任意整数 $s_i (1 \leqslant i \leqslant k)$ 除以 t 的余数都是 r，那么集合 $R = \{s_1, s_2, \cdots, s_k\}$ 构成一个等价类。因此，从集合 R 中选择一个整数 s_i 满足等式 $r = s_i - q_i t$ 的概率是 $1/k$。

模余运算的常用性质如下：

(1) 交换律：$(a+b) \bmod p = (b+a) \bmod p$；$(a \times b) \bmod p = (b \times a) \bmod p$

(2) 结合律：$[(a+b) \bmod p + c] \bmod p = [a + (b+c) \bmod p] \bmod p$

$$[(a \times b) \bmod p \times c] \bmod p = [a \times (b \times c) \bmod p] \bmod p$$

(3) 分配律：$[(a+b) \bmod p \times c] \bmod p = (a \times c) \bmod p + (b \times c) \bmod p$

6.3.4 矩阵差分隐私

在矩阵差分隐私中，矩阵 $\boldsymbol{X} = (x_{ij})$ 表示 n 个个体的 SNP，每个个体的 DNA 序列有 m 个 SNP，其中 $x_{ij} \in \{0, 1, 2\}$ 表示个体 i 的 g_j 的基因值。特别地，$\boldsymbol{X}_i = (x_{i1}, x_{i2}, \cdots, x_{im})$ 表示个体 i 的 SNP 序列取值。

矩阵差分隐私中，相邻数据集表示为：$(x_{ij})^1$ 的邻近矩阵 $(x_{ij})^2$ 与 $(x_{ij})^1$ 只有一个元素不同，此时表示汉明距离为 $d((x_{ij})^1, (x_{ij})^2) = 1$；另外，对于查询第 i 个个体的第 j 个位点的 SNP 的函数 f，查询函数 f 的敏感度为

$$\Delta f = \max_{d((x_{ij})^1, (x_{ij})^2) = 1} \| f((x_{ij})^1) - f((x_{ij})^2) \|_1$$

注：因为 $x_{ij} \in \{0, 1, 2\}$，所以查询函数 f 的敏感度为 $\Delta f = 2$。

下面结合矩阵加运算、SNP 的差分隐私随机扰动和模运算，给出矩阵差分隐私的定义。

定义 6.3（矩阵差分隐私） 给定 $\varepsilon \geqslant 0$，任意两个邻近矩阵 $(x_{ij})^1$ 与 $(x_{ij})^2$ 对于具有全背景知识的攻击者，$\boldsymbol{M}$ 的任意输出 $\boldsymbol{S} = (s_{ij}) \subseteq \text{Range}(\boldsymbol{M})$，使得以下不等式成立：

$$p\{\boldsymbol{M}[(x_{ij})^1] \in \boldsymbol{S}\} \leqslant e^\varepsilon p\{\boldsymbol{M}[(x_{ij})^2] \in \boldsymbol{S}\} + \delta$$

那么随机机制 $\boldsymbol{M}$ 是 (ε, δ)-矩阵差分隐私。

6.4 基因隐私保护模型

6.4.1 问题分析

在以前的工作中，通常假设 GWAS 的基因数据是不相关的，Tramèr 等考虑更多合理的背景知识作为先验分布，提出有界先验差分隐私用于 GWAS 中每个 SNP 列联表的 χ^2-统计值达到效用与隐私的平衡；在挖掘最重要的 SNP 的所有差分隐私方法中都具有准确度或计算效率的缺点，为此，Simmons 和 Berger 使用等位基因检测统计值的输入扰动和自适应

边界的方法来克服准确性问题。

　　总的来说，在 GWAS 中的差分隐私保护研究仅仅考虑添加噪声到统计值，而没有考虑对原始基因数据进行隐私保护。为了解决此问题，我们提出了基因数据的矩阵差分隐私保护模型。首先，将单核苷酸多态性二倍体基因数据进行矩阵存储；其次，基于严格的差分隐私定义实现二倍体基因数据的不可区分性；最后，运用模余运算进行二倍体基因数据的置换。矩阵差分隐私保护模型不仅满足差分隐私，而且确保一定的基因数据效用，也就是说该模型可以实现基因数据的隐私保护与数据效用之间的权衡。同时，矩阵差分隐私保护模型可以扩展到基因数据的其他应用领域。

▶▶▶ 6.4.2　基因差分隐私保护模型

　　通过 SNP 可以识别个体及其相关的敏感信息。假设攻击者已经观察到隐藏的 SNP，并且攻击者是诚实且好奇的，攻击者可以通过成对的 SNP 连锁不平衡获得敏感信息。例如，假设 g_i 与 g_j 相互连锁不平衡，如果 g_i 与某种疾病易感性相关，那么 g_j 也与该疾病相关。而且在 SNP 连锁不平衡下，观察到的 SNP 越多，基因隐私泄露风险越高。

　　基因差分隐私保护模型如图 6-1 所示。

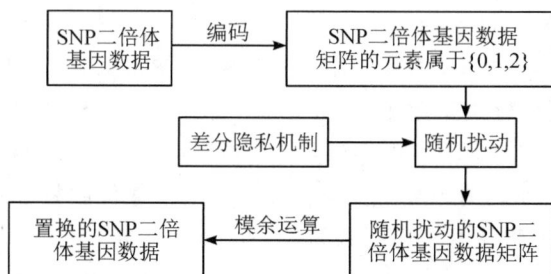

图 6-1　基因差分隐私保护模型

　　该模型主要包括 3 部分。第 1 部分：编码 SNP 二倍体基因数据并用矩阵存储；第 2 部分：对已编码的 SNP 二倍体基因数据进行随机扰动，同时满足差分隐私；第 3 部分：使用模余运算置换随机扰动的 SNP 基因数据。各个部分的主要思想如下。

　　第 1 部分用 B 表示主要等位基因，b 表示次要等位基因，根据等位基因的频率，将主要等位基因 B 编码为 0，次要等位基因 b 编码为 1，并且 B,b∈{A, C, G, T}，编码基因型 BB 为 0，Bb 为 1，bb 为 2。那么对于 n 个个体，每个个体有 m 个 SNP，用矩阵表示为 $\boldsymbol{X}=(x_{ij})$（$1 \leqslant i \leqslant n$，$1 \leqslant j \leqslant m$），且 $x_{ij} \in \{0, 1, 2\}$ 表示第 i 个个体第 j 个位点的 SNP 基因型。

　　第 2 部分是对 SNP 二倍体基因数据进行随机扰动，并且满足差分隐私。图 6-2 所示为 SNP 二倍体基因型数据随机扰动的主要思想，即根据差分隐私扰动机制，将 SNP 二倍体基因型矩阵元素 $x_{ij} \in \{0, 1, 2\}$ 分别以概率 p_1，p_2 和 p_3 进行随机扰动。这里 p_1，p_2 和 p_3 是差分隐私随机噪声对应的概率。

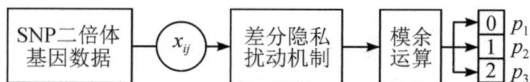

图 6-2　SNP 的差分隐私扰动机制

第 3 部分对随机扰动的二倍体基因型数据进行模余运算,使其具有 SNP 二倍体基因型数据的语义,并根据等位基因频率和基因型编码置换为相应的基因型。

6.5 理论分析

6.5.1 加噪机制分析

在构建矩阵差分隐私的过程中,需要产生差分隐私随机噪声矩阵 $Y=(y_{ij})$,且噪声 y_{ij} 服从尺度参数为 $\Delta fc/\varepsilon$ 的概率分布 $\pi(\Delta fc/\varepsilon)$。其中,概率分布 $\pi(\Delta fc/\varepsilon)$ 可以是拉普拉斯分布和高斯分布,即噪声矩阵 (y_{ij}) 是由拉普拉斯机制(Laplace Mechanism,LM)和高斯机制(Gaussian Mechanism,GM)产生的,相应的常数 c 分别为 1 和 $\sqrt{2\ln(1.25/\delta)}$。

由于 SNP 二倍体基因型矩阵存储 (x_{ij}) 中元素 $x_{ij}\in\{0,1,2\}$,这里暂且将 x_{ij} 看作字符型,简单地定义基因型 x_{ij} 的效用函数为 $u:x_{ij}\to x_{ij}$,也就是说,$u(x_{ij}=0)=0$,$u(x_{ij}=1)=1$ 和 $u(x_{ij}=2)=2$,那么效用函数的敏感度为 $\Delta u=2$,因此在指数机制下选取基因型值 0,1 和 2 的概率分别正比于 1,$e^{\varepsilon/4}$ 和 $e^{\varepsilon/2}$。因为 SNP 基因型矩阵及其对应的效用矩阵的元素都是 0,1 和 2,所以通过指数机制选择基因型值 0,1 和 2 的随机性较差,那么在 SNP 基因型数据的这种效用函数定义方式下,使用指数机制将导致基因型数据及其相关的敏感信息泄露,因此本章没有考虑指数机制(Exponential Mechanism,EM)。

6.5.2 隐私分析

定理 6.1 随机机制 $M=[(x_{ij})+\text{round}((y_{ij}))]\bmod 3$ 是 (ε,δ)-矩阵差分隐私。

证明 设 $(x_{ij})^1$ 与 $(x_{ij})^2$ 是邻近矩阵,因此有 $d[(x_{ij})^1,(x_{ij})^2]=1$。噪声矩阵 $\text{round}(y_{ij})$ 中元素 y_{ij} 服从尺度参数为 $\Delta fc/\varepsilon$ 的概率分布 $\pi(\Delta fc/\varepsilon)$。在矩阵差分隐私中,噪声矩阵是由拉普拉斯机制和高斯机制产生的。对于邻近矩阵 $(x_{ij})^1$ 与 $(x_{ij})^2$,添加服从期望为 0 的概率分布 $\pi(\Delta fc/\varepsilon)$ 的随机噪声矩阵 (y_{ij}),则有

$$p((x_{ij})^1+(y_{ij}))\leqslant e^\varepsilon p((x_{ij})^2+(y_{ij}))+\delta$$

由差分隐私的后处理性质,下面两个不等式成立:

$$p[(x_{ij})^1+\text{round}(y_{ij})]\leqslant e^\varepsilon p[(x_{ij})^2+\text{round}(y_{ij})]+\delta$$
$$p[(x_{ij})^1+\text{round}(y_{ij})\bmod 3]\leqslant e^\varepsilon p[(x_{ij})^2+\text{round}(y_{ij})\bmod 3]+\delta$$

所以不等式 $p[M(x_{ij})^1\in S]\leqslant e^\varepsilon p[M(x_{ij})^2\in S]+\delta$ 成立。因此随机机制 $M=[(x_{ij})+\text{round}(y_{ij})]\bmod 3$ 是 (ε,δ)-矩阵差分隐私。

6.5.3 效用分析

因为 $S=(s_{ij})\subseteq\text{Range}(M)$,为了分析矩阵差分隐私的效用,本章使用 $U=$

$\dfrac{|(x_{ij})\bigcap(s_{ij})|}{|(x_{ij})|}$ 度量矩阵差分隐私机制的效用。

定理 6.2　矩阵差分隐私的效用在 $[R_0,1]$ 区间，R_0 表示隐私预算 ε 最小时矩阵差分隐私下噪声矩阵中模 3 余 0 元素数量的百分比值。

证明　首先考虑 3 种极端的情况。

(1) 当噪声矩阵 $\boldsymbol{Y}=(y_{ij})$ 的所有元素满足 $\mathrm{round}(y_{ij})\bmod 3=0$ 时，那么 $\mathrm{round}(y_{ij})$ 的所有元素都模 3 余 0。因此，在 (x_{ij}) 与 $(s_{ij})\subseteq\mathrm{Range}(\boldsymbol{M})$ 之间的所有 SNP 二倍体基因型数据相同，此时矩阵差分隐私机制的最大效用为 1。

(2) 当噪声矩阵 $\boldsymbol{Y}=(y_{ij})$ 的所有元素满足 $\mathrm{round}(y_{ij})\bmod 3=1$ 时，那么 $(0+1)\bmod 3\equiv 1$，$(1+1)\bmod 3\equiv 2$ 和 $(2+1)\bmod 3\equiv 0$。因此，(x_{ij}) 与 $(s_{ij})\subseteq\mathrm{Range}(\boldsymbol{M})$ 之间的所有 SNP 二倍体基因型取值都不相同，此时矩阵差分隐私机制的效用是 0。

(3) 当噪声矩阵 $\boldsymbol{Y}=(y_{ij})$ 的所有元素满足 $\mathrm{round}(y_{ij})\bmod 3=2$ 时，那么 $(0+2)\bmod 3\equiv 2$，$(1+2)\bmod 3\equiv 0$ 和 $(2+2)\bmod 3\equiv 1$。因此，(x_{ij}) 与 $(s_{ij})\subseteq\mathrm{Range}(\boldsymbol{M})$ 之间的所有 SNP 二倍体基因型取值也都不相同，此时矩阵差分隐私机制的效用是 0。

上述证明中考虑 (2) 和 (3) 两种极端情况，使矩阵差分隐私下基因数据的效用为 0。然而，由于噪声的随机性，矩阵差分隐私下基因数据的最小效用是大于 0 的。下面考虑第 4 种情况。

(4) 在矩阵差分隐私中，由于隐私预算 ε 越小，邻近基因数据矩阵 $(x_{ij})^1$ 与 $(x_{ij})^2$ 的不可区分性越好，进而矩阵差分隐私保护越强，那么基因数据的效用达到最低。在矩阵差分隐私中基因数据的效用与模 3 余 0 的噪声数量的百分比值是一致的。也就是说，如果隐私预算 ε 最小，矩阵差分隐私产生模 3 余 0 的噪声数量百分比值为 $R_0(0<R_0<1)$，那么基因数据的最小效用为 R_0。反之，隐私预算 ε 越大，基因数据效用可达到百分比值 1。

综上，由于噪声的随机性，矩阵差分隐私机制的效用属于区间 $[R_0,1]$。

总之，矩阵差分隐私满足差分隐私的定义，同时效用属于区间 $[R_0,1]$。其中，R_0 是矩阵差分隐私下隐私预算最小时，噪声矩阵中模 3 余 0 元素数量的百分比值。

6.6　实　验　分　析

在矩阵差分隐私下选择拉普拉斯分布（Laplace Distribution）和高斯分布（Gaussian Distribution）来进行实验分析。首先进行噪声分析，然后与拉普拉斯机制和高斯机制比较，分析矩阵差分隐私保护模型的隐私和效用。在所有的实验分析中，考虑 SNP 二倍体基因型数据的特点，初始化敏感度 $\Delta f=2$，另外，分别初始化隐私预算 $\varepsilon=0.1$ 和概率值 $\delta=0.01$。

国际人类基因组单体型图计划（HapMap）的数据是公开可用的，本章使用 2010 年 5 月发布的阶段 Ⅲ 的 165 个 CEU（Utah Residents with Northern and Western European Ancestry from the CEPH Collection）群体的 22 号染色体的基因型和频率数据集。在实验分析之前，基于频率数据集预处理基因型数据集，将 SNP 二倍体基因型数据编码为 0，1 和

2. 在 CEU 基因型数据集中，将丢失的数据'NN'用 0 代替。分别选择 500，1000 和 1500 个 SNP 位点进行实验分析。

6.6.1 噪声分析

在矩阵差分隐私中，尺度参数为 $\pi(\Delta fc/\varepsilon)$ 的拉普拉斯机制（LM）和高斯机制（GM）产生的噪声矩阵为 (y_{ij})。在两种机制下，分别计算矩阵 $(y_{ij})_{165\times500}$，$(y_{ij})_{165\times1000}$ 和 $(y_{ij})_{165\times1500}$ 模 3 余 0 的噪声数量的百分比值 R，结果如图 6-3 所示。从该图中可以观察到，模 3 余 0 的噪声数量百分比值随着隐私预算的增加而增加，而不随噪声数量的大小变化。这个结果为解释隐私和基因数据效用的实验结果奠定了基础。随着隐私预算增加，拉普拉斯机制与高斯机制相比，所有模 3 余 0 的噪声数量的百分比值明显更快地增加。当隐私预算 $\varepsilon=7$ 时，拉普拉斯机制的 R 值将达到 80%，而高斯机制的 R 值才达到 40%。这是因为在相同的隐私预算下，拉普拉斯分布相比于比高斯分布，基于拉普拉斯机制的矩阵差分隐私产生的噪声矩阵中模 3 余 0 的元素更多。

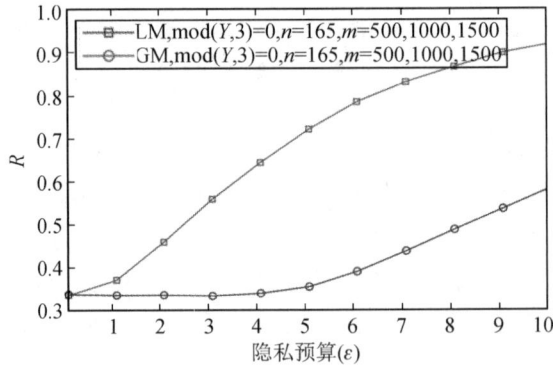

图 6-3　矩阵差分隐私下噪声矩阵模 3 余 0 的元素数量的百分比值

6.6.2 隐私分析

为了评估基因隐私保护模型的隐私，对于拥有全背景知识的攻击者，定义标准化期望估计误差作为隐私度量。因为元素 x_{ij} 在矩阵差分隐私下的随机扰动元素为 s_{ij}，因此定义基因数据的隐私度量为

$$E=\frac{\sum_{1\leqslant i\leqslant n}\sum_{1\leqslant j\leqslant m}p(s_{ij})\|s_{ij}-x_{ij}\|_1}{mn}$$

对矩阵差分隐私与拉普拉斯机制、高斯机制的标准化期望估计误差进行比较分析，所得标准化期望估计误差如图 6-4 和图 6-5 所示。矩阵差分隐私、拉普拉斯机制和高斯机制的标准化期望估计误差都随隐私预算的增大而减小。主要原因是隐私预算越大，拉普拉斯分布和高斯分布的方差越小，矩阵差分隐私产生模 3 余 0 的噪声越多。因此拉普拉斯机制和高斯机制直接添加噪声到 SNP 基因型数据导致效用灾难，而矩阵差分隐私通过噪声模余运算提高了 SNP 基因型数据的效用。因此矩阵差分隐私实现了基因数据的隐私保护，不过隐私保护强度显然低于拉普拉斯机制和高斯机制。另外，由图 6-4 和图 6-5 可知，随着

隐私预算增加，高斯机制的标准化期望误差较拉普拉斯机制大，为了更好地权衡隐私和效用，可以选择拉普拉斯机制实现矩阵差分隐私。

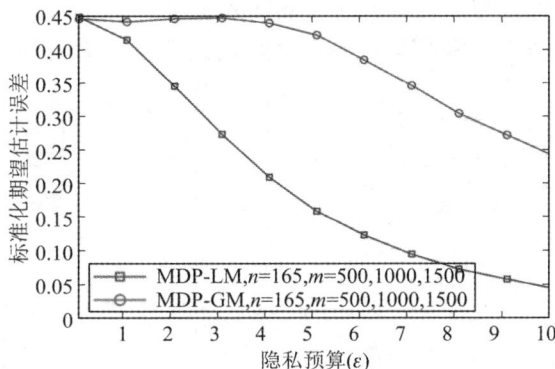

图 6-4　矩阵差分隐私下的标准化期望估计误差

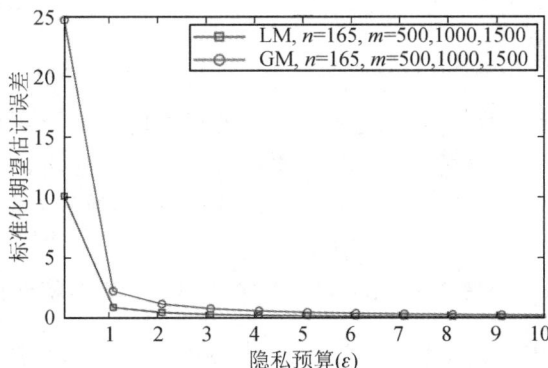

图 6-5　拉普拉斯机制和高斯机制下的标准化期望估计误差

　　因此，根据 SNP 差分隐私扰动的不可区分性，矩阵差分隐私实现了 SNP 基因型数据的隐私保护。

6.6.3　效用分析

　　尽管矩阵差分隐私可以实现 SNP 基因型数据的隐私保护，考虑到 SNP 基因型数据的分析，因此还需要分析 SNP 基因型数据的效用。在矩阵差分隐私中，对于原始的 SNP 基因型数据 (x_{ij}) 和扰动后的 SNP 基因型数据 (s_{ij})，根据 $U = |(x_{ij}) \bigcap (s_{ij})| / |(x_{ij})|$ 作为效用度量方法分析基因数据的效用。

　　图 6-6 所示为矩阵差分隐私下的基因数据效用。可以看出，随着隐私预算的增加，矩阵差分隐私保护模型下的基因数据效用递增，并且增长到 100% 保持不变。这是因为随着隐私预算增大，拉普拉斯分布和高斯分布的方差变小，矩阵差分隐私产生模 3 余 0 的噪声就更多。当隐私预算较小时，基于拉普拉斯机制的矩阵差分隐私可以更好地实现基因数据效用，以此保证较好的计算不可区分性，进而实现更好的差分隐私保护。例如，当 $\varepsilon = 7$ 时，基于拉普拉斯机制的基因数据效用可以达到 80%，而基于高斯机制的基因数据效用为 40%，这与图 6-3 中拉普拉斯机制和高斯机制噪声矩阵的四舍五入近似值模 3 余 0 噪声数

量的百分比值是相一致的。图 6-7 所示为拉普拉斯机制下的基因数据效用。从图中可以看出,随着隐私预算的增加,基因组数据的效用保持 0 不变。这是因为拉普拉斯机制和高斯机制直接添加噪声到基因数据,破坏了基因数据效用,导致基因数据效用灾难。由此可知,矩阵差分隐私比拉普拉斯机制和高斯机制更适合基因数据的隐私保护。

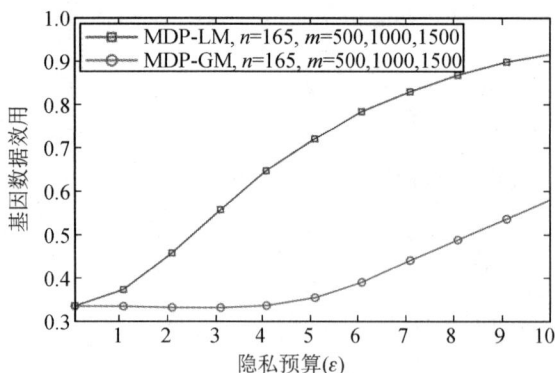

图 6-6 矩阵差分隐私下的基因数据效用   图 6-7 拉普拉斯机制和高斯机制下的基因数据效用

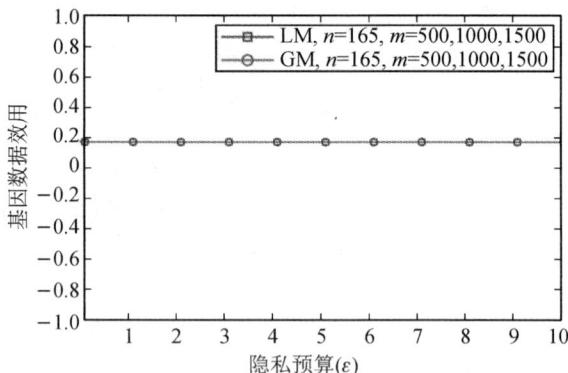

因此,矩阵差分隐私比拉普拉斯机制和高斯机制更适合基因数据的隐私保护,它保证了基因数据隐私保护与基因数据效用之间的平衡。通过比较分析,总结矩阵差分隐私与拉普拉斯机制、高斯机制的相关性质列于表 6-1。其中,最小效用 R_0 表示矩阵差分隐私在最小隐私预算下所有模 3 余 0 的噪声数量的百分比值。

表 6-1 矩阵差分隐私与拉普拉斯机制、高斯机制的比较

机制	理论基础	扰动过程	置换过程	是否满足差分隐私	基因数据效用
矩阵差分隐私	概率分布不可区分性	添加四舍五入取整噪声	模余运算	是	$[R_0, 1]$
拉普拉斯机制	概率分布不可区分性	直接添加噪声	—	是	0
高斯机制	概率分布不可区分性	直接添加噪声	—	是	0

本 章 小 结

为了保护 SNP 连锁不平衡下基因数据的敏感信息,在本章中提出了矩阵差分隐私保护模型。该模型满足差分隐私,同时保证基因数据效用在 $[R_0, 1]$ 区间,其中 R_0 是矩阵差分隐私在隐私预算最小时噪声矩阵中模 3 余 0 的噪声数量的百分比值。

第7章 社交网络中图结构数据隐私保护

为了准确描述社交网络中用户及其之间的关系，可以将社交网络抽象成图（Graph）结构，用结点表示用户，用结点标签来表示用户个人属性（如 ID、年龄、姓名、收入等）；用边来表示角色之间的关系，用边标签来表示边属性（如关系类型），通过对边进行加权重来表示角色之间关联程度。由于社交网络中包含许多个人的敏感信息，将其抽象为图结构后，图中的结点和边会涉及个人隐私信息，因此可以通过研究图结构的隐私保护来实现社交网络隐私保护的目的。

本章主要研究了不确定图中边概率赋值算法，提出了基于差分隐私的不确定图边概率赋值算法，该算法具有双重隐私保障，适合要求非常高的社交网络隐私保护场景。同时提出了基于三元闭包的不确定图边概率分配算法，该算法在实现隐私保护的同时保持了较高的数据效用，适合简单的社交网络隐私保护场景。与 (k, ε)-混淆算法相比，基于差分隐私的不确定图边概率赋值算法可以实现较高的隐私保护效果，基于三元闭包的不确定图边概率分配算法具有较高的数据效用性。最后，为了衡量网络结构的失真程度，提出了基于网络结构熵的数据效用性度量算法，该算法能够度量不确定图与原始图结构的相似程度。

7.1 研究背景

随着在线社交网络的显著增长，社交网络收集的数据已经成为洞察社会现象的重要的数据来源，如流行病学、信息传播、市场营销等。许多社交网络数据用图的形式来表示信息，如个人之间的关系。发布这些图数据具有巨大的潜在社会效益。然而，图数据可以推断出某个特定个体的敏感信息，因此，研究社交网络中的图结构隐私保护技术对社交网络隐私保护具有重要的现实意义。

7.1.1 移动互联网与社交网络

社交网络是一个以广泛建立联系、分享信息为目的的虚拟化网络交流平台，且具有巨大的用户数量。随着移动互联网技术的发展，大数据时代社交网络进一步渗入了人们的日常生活，越来越多的用户依赖社交网络交流和共享信息。根据 2022 年 8 月 31 日 CNNIC 发布的《第 50 次中国互联网络发展状况统计报告》，截至 2022 年 6 月，我国网民规模为 10.51 亿，互联网普及率达 74.4%；腾讯控股公布的第一季度财报显示，截至 2022 年 3 月 31 日，微信及 WeChat 的合并月活跃账户数为 12.883 亿，去年同期为 12.416 亿。这些数据说明移动互联网的崛起为社交网络创造了更大的平台，为其赋予了巨大的数据挖掘价值。

移动互联网时代的到来，使得社交网络的功能已经不局限于为用户提供信息、分享个人兴趣、建立社会关系等，移动支付的便捷也成为社交网络应用吸引用户的新手段。但我们在享受社交网络应用提供便利的同时，是否会注意到点外卖、滴滴打车、晒自己的生活点滴会泄露自己的姓名、电话、住址等个人隐私信息。随着经济数字化程度的提高，数据对于研究社交网络结构、传染病的动态传播、预测宏观经济活动，乃至国家安全等至关重要。

7.1.2 隐私风险

社交网络积累了海量的用户信息数据，通常蕴含着巨大的商业价值，而且随着用户的体验程度的加深和交友范围的扩大，用户个人隐私信息也将在运营商终端完整汇集。这些信息涉及姓名、性别、电话、地址甚至身份证号，如果被其他非法用户在未授权的情况下搜集、分析、挖掘或出售，将会严重威胁用户的隐私安全。众多泄露事件表明，社交网络成为个人隐私信息泄露的重灾区，因此社交网络的隐私保护刻不容缓。

随着近年来数据挖掘技术的崛起，社交网络隐私泄露这一问题更加严峻，社交网络的隐私保护技术也就成了当前热门的研究课题。社交网络由多种角色构成，它们之间的关系错综复杂且相互影响，传统的数据隐私保护方法主要面向的是关系型数据，已经不适用于社交网络隐私保护的需求。数据管理者如何在保证社交网络隐私的同时又能够保持较高的数据效用性以供第三方研究，已经成为现今社交网络隐私保护中一个巨大的挑战。

7.1.3 图结构数据隐私保护的一般过程

如前所述，社交网络数据的隐私保护主要保护的是个体及个体之间的关联关系，可以将社交网络数据抽象为图结构或矩阵来进行研究。当用图结构来表示社交网络时，图中的顶点代表社交网络中的参与个体，图中的边代表参与社交网络中个体之间的联系；当用矩阵来表示社交网络时，研究者可以利用数学和计算机等工具来分析社交网络的一些变化规律，例如，我们常用邻接矩阵来表示社交网络或者图结构数据。同时，在研究社交网络的过程中，根据不同的需求及应用场景，可以采用不同的社交网络模型，有简单图，也有通过一系列简单图来表示的社交网络动态图，还有一些研究者为了让发布的数据更能体现真实的社交网络，将社交网络抽象成加权图。

社交网络图结构数据隐私保护过程如图 7-1 所示。

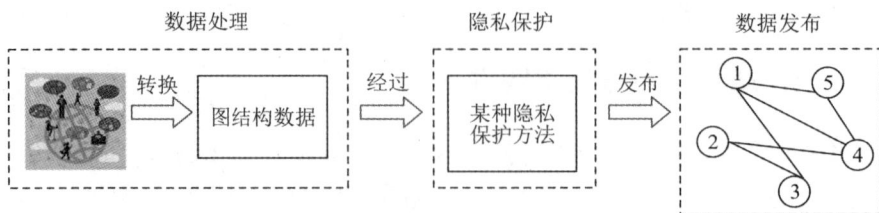

图 7-1 图结构下隐私保护过程

整个隐私保护过程可以描述为：研究者利用信息收集者收集到的数据，将收集到的数据转化为图结构数据；然后利用某种隐私保护算法对图结构数据进行处理，得到处理后的图结构数据；最后对处理后的图结构数据进行发布。

7.2　相关基础知识

7.2.1　图差分隐私的相关概念

在差分隐私中首先需要明确邻近图、敏感度等概念，在本节介绍完这两个概念后给出图差分隐私的定义，分为边差分隐私和点差分隐私两种。

定义 7.1（邻近图）　给定图 $G_1=(V_1，E_1)$，$G_2=(V_2，E_2)$，如果在 G_1，G_2 中有 $|V_1 \oplus V_2|+|E_1 \oplus E_2|=1$，则称 G_1，G_2 为邻近图。

也就是说，若两个图只相差一个点或者只相差一条边，那么称这两个图为邻近图。图 7-2 中(a)和(b)就是一组邻近图。

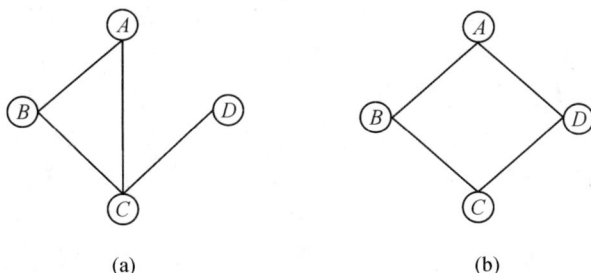

(a)　　　　　　　　　　　　(b)

图 7-2　邻近图示例

定义 7.2（图查询敏感度）　给定一个函数 $f：E \rightarrow R$，函数 f 的全局敏感度为

$$\Delta f = \max_{G_1，G_2} \| f(G_1) - f(G_2) \|_1$$

其中：G_1 和 G_2 是邻近图；f 是查询函数，表示对于 G_1，G_2 中的每一条边 e_i，查询边 e_i 是否存在于 G_1 和 G_2 中。

定义 7.3（边差分隐私）　给定一个随机算法 A，Range(A)为算法 A 的取值范围，若算法 A 在邻近图 G_1，G_2（即仅相差一条边的两个图）上的输出结果 $S(S \in \text{Range}(A))$ 满足：

$$p(A(G_1) \in S) \leqslant e^\varepsilon \times p(A(G_2) \in S)$$

则称算法 A 满足 ε-边差分隐私，其中 ε 表示隐私保护程度，$p(\cdot)$ 表示算法 A 的随机性。

定义 7.4（点差分隐私）　给定一个随机算法 A，Range(A)为算法 A 的取值范围，若算法 A 在邻近图 G_1，G_2（即仅相差一个点的两个图）上的输出结果 $S(S \in \text{Range}(A))$ 满足：

$$p(A(G_1) \in S) \leqslant e^\varepsilon \times p(A(G_2) \in S)$$

则称算法 A 满足 ε-点差分隐私，其中 ε 表示隐私保护程度，$p(\cdot)$ 表示算法 A 的随机性。

7.2.2 不确定图

定义 7.5（不确定图） 给定一个图 $G=(V,E)$，如果映射 $p:V_p \to [0,1]$ 是边集中每条边存在的概率函数，那么图 $G'=(V,p)$ 是关于图 G 的不确定图，其中 V_p 表示集合 V 中所有可能的顶点对，即 $V_p=\{(v_i,v_j)|1 \leqslant i < j \leqslant n\}$，相应地 $|V_p|=n(n-1)/2$。

图 7-3 所示为一张不确定图，图中每条边上的数字代表该边存在的概率。

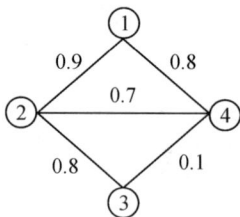

图 7-3 不确定图示例

7.2.3 三元闭包

Leskovec 等指出，真实图中结点之间的链接概率随它们层级之间相对距离的增加而减小，这些边的存在可以减少基于最短路径的统计。Vázquez 提出最近邻居可以解释邻居间的聚集系数、平均度和度分布的能量规律，这些属性与对社交网络图的观察结果完全一致。

三元闭包的基本原则： 如果两个人有共同的朋友，这两个人将来成为朋友的可能性就会增加。例如，结点 B 和结点 C 具有共同的朋友 A，则 B 和 C 成为朋友的概率会增加。类似地，结点 A 和结点 E 之间也会产生关联边，如图 7-4 所示的三元闭包理论模型。将三元闭包理论引入到社交网络研究中可以形成三角形结构，利用三角形结构特性可将原图转变为不确定图。

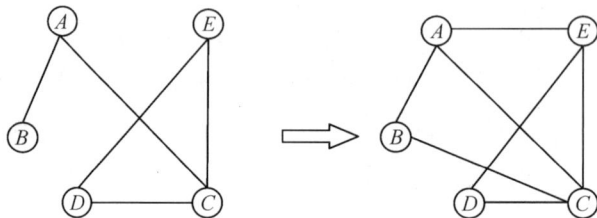

图 7-4 三元闭包理论模型

7.2.4 网络结构熵

熵表示系统的混乱程度，网络结构熵是对整个结构是否有序的度量。

网络结构熵 Entropy 可用下式计算：

$$\text{Entropy} = -\sum_{i=1}^{n} I_i \cdot \ln I_i$$

$$I_i = \frac{d_i}{\sum_{j=1}^{n} d_j}$$

其中，d_i 为结点 v_i 的度。当网络结构为全连接图时其值最大，反之，无边相连的孤立结点图的值最小。

7.2.5　k-匿名

k-匿名模型是 k-匿名在图上的应用与拓展，由 Liu 等首次提出，相关概念定义如下：

（1）k-匿名向量：如果一个向量中的每个值在该向量中出现的次数至少是 k 次，则这个向量被称作 k-匿名向量。例如，向量 $v=[4,4,3,3,3]$，则该向量为 2-匿名向量。

（2）k-匿名图：$G=(V,E)$ 表示一个图，如果这个图的度序列所组成的向量是一个 k-匿名向量，则该图为 k-匿名图。

7.3　图结构数据隐私保护常见方法

随着大数据环境下图数据的应用越来越广泛，人们逐渐意识到图结构隐私保护的重要性。研究者根据不同的应用需求，提出了不同的图隐私保护方法。现有的图隐私保护方法可以归纳为 5 种，分别是标识符替换方法、图修改方法、图聚类方法、不确定图方法及差分隐私方法。

7.3.1　标识符替换方法

标识符替换方法采用的是伪名思想，Back Strom 等提出在发布真实图数据之前用合成标识符替换可识别属性的匿名隐私保护技术，例如用合成的标识符来替换身份证号或名字等可识别属性，如图 7-5 所示。

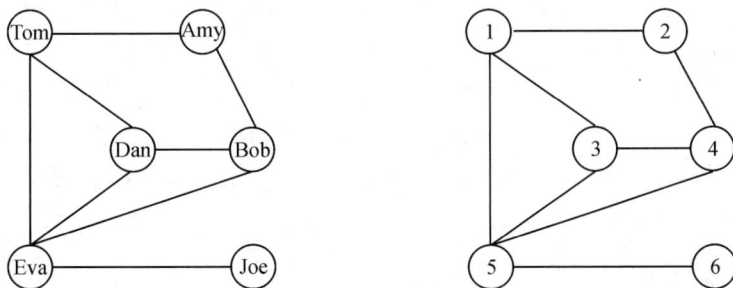

图 7-5　标识符替换方法

但是这种方法易受到背景知识的攻击，攻击者可以根据顶点的结构特征推断出顶点的身份信息，如 Abawajy 利用图结构背景知识——结点度信息对得到的匿名图进行攻击，从而推断出图 7-5 中的个体身份信息。例如，已知原始数据中 Eva 有 4 个朋友，对应的匿名图中结点 v_5 的度数为 4，则可在匿名图中唯一识别出结点 v_5 的真实身份为 Eva。

7.3.2 图修改方法

图修改方法是通过修改图的局部结构来实现图结构隐私保护。常用的图修改方法主要是边/结点修改方法,如图7-6所示。虚线表示将要删除的边,实线表示将要增加的边,结点的不同颜色说明结点的度是否发生了变化,深色表示顶点的度没有发生改变,浅色表示顶点的度发生了变化。图7-6(a)中的操作是删除图中已存在的边(v_1, v_2)的同时添加新边(v_3, v_4);图7-6(b)中的操作是边的旋转,在保证顶点v_1度不变的情况下,删除图中已存在的边(v_1, v_2)的同时添加新边(v_1, v_3);图7-6(c)中的操作是边交换,在保证顶点v_1,v_2,v_3,v_4度不变的情况下,删除图中已存在的边(v_1, v_2)和(v_3, v_4),添加新边(v_1, v_4)和(v_2, v_3)。边的添加/删除操作是最常见的图修改技术,但是在进行图匿名时,单一的方法很难保证图数据上的隐私不被泄露,因此需要多种技术的组合。

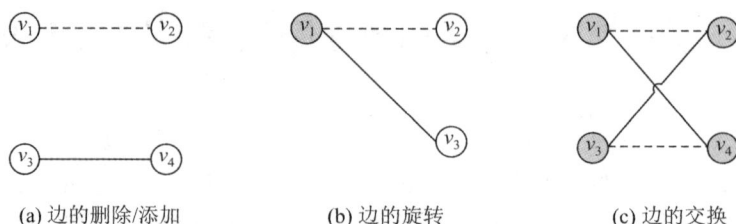

(a) 边的删除/添加   (b) 边的旋转   (c) 边的交换

图7-6 常见的边修改方法

在图修改中,根据扰动条件的不同可分为随机扰动和约束扰动,其中约束扰动的大部分研究都是基于k-匿名的。Hay等通过向原始图中随机添加一定数量的边和随机删除同样数量的边来干扰原始数据而实现匿名的目的;Ying和Wu认为如果在修改图时注意保护谱特性可能会降低修改操作对图造成的影响,在Hay的研究基础上提出了进一步的优化方案,提出了基于谱添加/删除以及谱交换的保护原始图谱特征的算法;Bonchi等提出基于熵的匿名等级量化及稀疏化方法。为了防止恶意攻击者根据结点的度信息识别出个体的身份信息,Liu和Terzi提出基于图修改方法的k-匿名;Hay等提出了k-候选匿名;Zhou和Pei提出通过泛化结点标识和添加虚假边来实现k-邻居匿名;Assam等针对k-核攻击提出(ε, δ)-核匿名;龚卫华等提出了一种保持网络结构稳定的k-度匿名隐私保护模型Similar Graph,该方法不仅能有效提高网络抵御度属性攻击能力,还能保持网络结构稳定。Rousseau F等在保持图的核序列的前提下,提出了一种基于边修改的隐私保护方法实现图的隐私保护,保持了较高的数据效用性。

7.3.3 图聚类方法

图聚类方法是将图中的结点(边)经过泛化或聚类,变成超级顶点(边),对外只公布超级顶(边)的统计信息,从而使某个顶点(边)的信息隐藏在这些超级顶点(边)中,如图7-7所示。具体过程是将原始数据图进行划分,对每个划分的簇进行聚类就得到聚类后的数据图。以图7-7(c)中结点(2,1)为例,2表示的是聚类的顶点个数,1表示的是聚类顶点之间存在的边的个数。

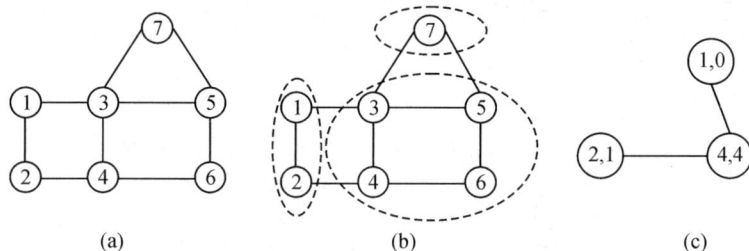

图 7 - 7　图聚类方法

Campan 和 Truta 等基于 k-匿名提出 SaNGreeA 方法，该方法将节属性中准标识符属性聚为一类，只发布聚类后的结点信息；Ford 等在 Campan 和 Truta 的基础上提出基于贪婪聚类的 p-敏感 k-匿名（p-sensitive k-anonymity）方法，提高了抗属性泄露的能力；Stokes 和 Torra 等使用曼哈顿距离和 2-路径相似方法把顶点进行聚类，从而实现图聚类隐私保护算法；谷勇浩等针对动态社交网络数据发布提出了一种基于聚类的动态图发布算法，该算法可以抵御多种背景知识攻击，同时对于数据的动态更新具有较好的适应性；姜火文等针对以结构和属性值为背景知识的攻击提出了基于顶点连接结构和属性值的属性图聚类匿名化方法。

可以看出，图聚类方法是依据数据的某种属性相似度将图结构数据划分成相似的对象或簇的过程，使同一个簇的对象基于某种值距离更为接近，不同簇的数据对象则相反。该方法将真实的网络图聚成一个超图，在一定程度上隐藏了部分真实数据，达到隐私保护的目的。但是，若采取的聚类算法不当，对原图修改内容过多，导致最终得到的匿名图数据效用过低，失去研究意义。因此，不确定图方法成为一种新的图修改隐私保护方法。

7.3.4　不确定图方法

不确定图方法的主要思想是将不确定性注入到社交网络图的边中，发布经混淆后的不确定图来达到隐私保护的目的。该方法通过为图中的边分配概率值来实现隐私保护，同时对原图数据改变较小，一定程度上保持了较高的原数据效用，相较于完全去除或添加边保护效果更好。

不确定图方法对原始图数据进行处理，将图中所有边出现的概率变为 $[0,1]$ 区间内的某个值，如图 7-8 所示。不确定图方法将确定的网络图以不确定图的方式进行数据发布，从而保护了网络图中用户的隐私信息。2012 年 Boldi 等首次提出给原始图中的边加入不确定性的 (k,ε)-混淆算法，该算法在抗顶点身份攻击的同时也保证了图结构数据的最小化失真；2013 年 Mittal 等提出了基于随机游走（简称 RW）的不确定图数据发布方法，防止了链接攻击的同时具有较高的隐私保护效果；Nguyen 等在 2014 年提出基于方差最大化方法来衡量隐私与效用之间的关系；2015 年 Nguyen 等在前期工作的基础上又提出了基于不确定邻接矩阵的通用匿名模型 UAM，并将 UAM 引入到方差最大化算法中，该算法的隐私性介于 (k,ε)-混淆算法和随机游走算法之间；2017 年 Hu 等结合差分隐私和不确定图两种隐私保护技术，提出了一种新的不确定图隐私保护算法，该算法具有双重的隐私保证；同年，Yan 等结合复杂网络中的三元闭包原理，提出了一种基于三元闭包的不确定图隐私保护算法，该算法与已有的不确定算法相比，具有较高的数据效用性。

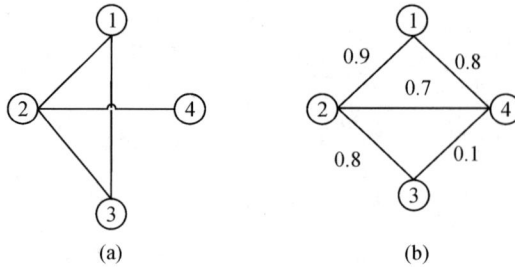

图 7 - 8 不确定图方法

与确定匿名图数据相比，不确定图数据中蕴含着大量有用的信息，在科学研究和工程领域具有更广泛的应用，因此，许多学者将研究目标转向不确定图数据挖掘。张硕等提出概率 top-k 子图匹配查询的问题，并针对该问题设计出一种有效的索引结构，提出了一种高效的基于索引的查询处理方法；袁野等提出基于不确定图的算法模型，他们利用改进的随机算法（条件随机算法），研究了在多项式时间内的概率可达查询（PR）；邹兆年等基于深度优先搜索策略提出了一种对不确定图频繁子图模式的挖掘算法。

人们将不确定图作为一种隐私保护方法来混淆社交网络中人与人之间的关系。目前不确定图隐私保护算法主要有(k, ε)-混淆、随机游走（RW）、优化的随机游走（RW-mod）、基于 UAM 模型的方差最大化算法。为了进一步说明不确定图隐私保护算法与其他算法的区别，对这些算法进行了比较，如表 7 - 1 所列。(k, ε)-混淆算法利用顶点的唯一性和分布熵对图中的顶点进行筛选，然后对筛选后的顶点进行边混淆；RW 算法和 RW-mod 算法利用马尔科夫过程和转移矩阵对原始图进行边的不确定化；方差最大化算法先利用图分割技术将原始图划分为多个子图，每个子图对应一个二次规划。

表 7 - 1 4 种不确定图算法的比较

比较项	(ε, δ)-混淆算法	RW 算法	RW-mod 算法	方差最大化算法
算法原理	顶点的特性与分布熵	马尔科夫过程与转移矩阵	马尔科夫过程与转移矩阵	图分割原理和二次规划
隐私保护程度	最小	最大	同 RW 算法	介于(k, ε)-混淆算法和 RW 算法之间
数据可用性	最好	最差	同 RW 算法	介于(k, ε)-混淆算法和 RW 算法之间
图结构失真	较小	保护了图的局部特征	保护了图的局部特征	较大
变换后图中顶点度的保持性	保持不变	忽视了顶点度的关系	保持不变	保持不变
是否允许自环	不允许	不允许	允许	允许
是否允许两顶点之间存在多条边	不允许	不允许	允许	允许
适用场景	低隐私保护程度，高数据可用性	高隐私保护程度，低数据可用性	高隐私保护程度，低数据可用性	高隐私保护程度，高数据可用性

》》 **7.3.5　图差分隐私方法**

差分隐私方法是一种具有严格可证明的数学定义和可量化评估的隐私保护模型,将差分隐私应用到网络图结构中,可以提供一种严格有效的量化评估方法。

基于顶点差分隐私发布,2013 年 Blocki, Kasiviswanathan, Chen 和 Zhou 分别提出了能准确计算图统计信息且适用于所有图的顶点差分隐私算法。但是这些算法针对的是一维数据,每次只能发布一个实数值统计数据。针对多维数据的发布,2015 年 Raskhodnikova 和 Borgs 根据不同的情景,提出了不同的算法。Raskhodnikova 等给出了高维数据的 Lipschitz 扩展函数即查询函数的定义,同时提出指数机制中针对不同敏感度的打分函数,设计出一种符合差分隐私的指数机制;Borgs 等结合指数分布提出了一种适合稀疏图的高维统计查询的顶点差分隐私算法;Day 等基于聚类和累积直方图提出了两种在顶点差分隐私下发布度分布的方法。

针对边差分隐私数据发布,Karwa 等提出了一种严格高效的边差分隐私保护方法来发布实用性高的网络数据统计信息;兰丽辉等提出了一种基于差分隐私的随机扰动方法实现边集和边权重的保护,并设计了一个满足差分隐私的查询模型 WSQuery;Li 提出了一种 MB-CI 策略来保护加权社交网络图,以提高数据发布的准确性和实用性。

在图结构中,Hay 指出了顶点差分隐私和边差分隐私的区别。点差分隐私中的邻近图方法如图 7-9 所示,边差分隐私中的邻近图方法如图 7-10 所示。由于边差分隐私相对较为简单,因此应用更为广泛。

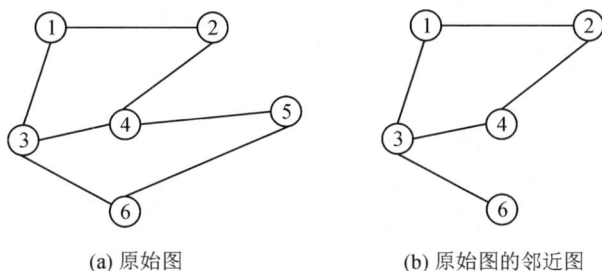

(a) 原始图　　　　　　　(b) 原始图的邻近图

图 7-9　点差分隐私中的邻近图方法

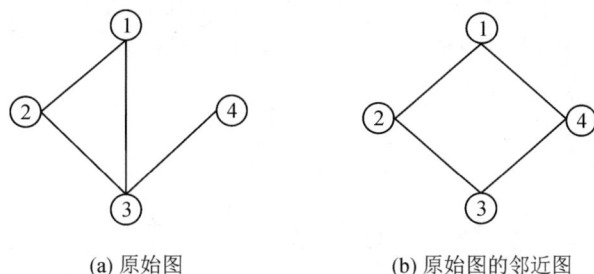

(a) 原始图　　　　　　　(b) 原始图的邻近图

图 7-10　边差分隐私中的邻近图方法

7.4 基于不确定图的隐私保护算法

本节主要介绍两种基于不确定图边概率赋值的隐私保护算法，并分别对其详细介绍。基于差分隐私的不确定图边概率赋值算法（简称差分隐私法）提供了严格可证明的隐私保护，并在一定程度上保持了数据效用；基于三元闭包的不确定图边概率分配算法（简称三元闭包法）不仅实现了隐私保护的目的，而且有约束的分配边概率又可以保持较高的数据效用。

▶▶ 7.4.1 差分隐私法

首先将不确定图的构造过程抽象为一个模型，然后在该模型下提出一种基于差分隐私技术实现不确定图边概率赋值的隐私保护模型（Uncertain Graph based on Differential Privacy, UGDP），并对该模型进行说明。然后给出 UGDP 算法的伪代码并进行分析。最后证明 UGDP 算法满足差分隐私。

1. 不确定图模型

不确定图模型包括 3 个部分，如图 7-11 所示。第 1 部分和第 2 部分为算法的输入和输出，其中算法的输入为原始数据图，输出为不确定图，中间部分是该模型的主要环节，研究者可以根据不同的需求提出不同的隐私保护算法来实现不确定图的隐私保护。基于该模型，我们提出了基于差分隐私的不确定图边概率赋值算法 UGDP。

图 7-11　UGDP 算法的不确定图模型

2. UGDP 算法

UGDP 算法是利用差分隐私技术来实现不确定图边概率赋值的隐私保护算法，算法的执行过程如图 7-12 所示，主要由以下 4 步组成。

（1）利用 Laplace 机制进行加噪使其满足差分隐私，加噪时产生的噪声表示为 $Y=(y_1, y_2, \cdots, y_i, \cdots, y_n)$。

（2）差分隐私算法是将产生的噪声加入到查询函数的输出值 $f(G_1)$ 或 $f(G_2)$ 中。为了构造不确定图，每个噪声值 y_i 对应一个概率值 p_i，概率值 $p_i = \Pr[y_i] = F(y_i)$。

$$F(y_i) = \int_{-\infty}^{y_i} g(x) \mathrm{d}x$$

其中，$g(x)$ 是服从期望值 μ 和位置参数 b 的拉普拉斯分布。

$$g(x) = \frac{1}{2b} \exp\left(-\frac{|x-\mu|}{b}\right)$$

（3）将概率值 p_i 加入到图 G_1 或 G_2 中构成不确定图，将概率值 p_i 作为顶点和顶点之间存在边的概率。

（4）在进行数据发布时，为了更好地保护图中的隐私信息，将不确定图 G' 作为发布图。

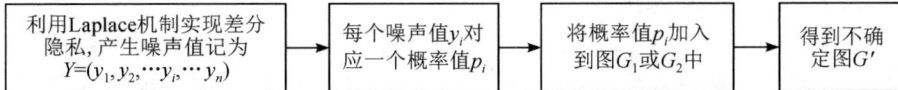

图 7 - 12　UGDP 算法

UGDP 算法的详细描述见算法 7.1。

算法 7.1：UGDP 算法

输入：原图 $G=(V, E)$，敏感度 Δf

输出：$G'=(V, p)$

1：$b \leftarrow (\Delta f/\varepsilon)$

2：$y_i \leftarrow \mathrm{Lap}(\Delta f/\varepsilon)$，$y_i \in Y$

3：$\Pr[y_i] \leftarrow F[y_i]$

4：$p_i \leftarrow \Pr[y_i]$，$p_i \in P$

5：添加概率 p_i 到边 e_i 上，且 $p_i \in P$，$e_i \in E$

6：end

7：Return $G'=(V, p)$

---

3. 隐私分析

定理 7.1　UGDP 算法满足差分隐私。

证明　令 G_1，G_2 为邻近图，且 $\|f(G_1)-F(G_2)\| \leqslant 1$。令 $f(\cdot)$ 为函数 $f: \mathrm{E} \rightarrow \mathrm{R}$，$P_{G_1}$ 表示 $A(G_1, f, \varepsilon)$ 的概率密度函数，P_{G_2} 表示 $A(G_2, f, \varepsilon)$ 的概率密度函数。G_3 是任意一个属于 $(G_1 \bigcup G_2)$ 的子图。算法 A 满足差分隐私。

这里用 $p_i \sim y_i$ 表示概率和噪声的关系，为了证明 UGDP 算法满足差分隐私，只需要证明噪声对应的概率满足差分隐私。具体证明过程如下：

$$\frac{P_{G_1}[G_3]}{P_{G_2}[G_3]} = \prod_{i=1}^{k} \left(\frac{\exp\left(-\dfrac{\varepsilon \mid f(G_1)_i - G_{3i} \mid}{\Delta f}\right)}{\exp\left(-\dfrac{\varepsilon \mid f(G_2)_i - G_{3i} \mid}{\Delta f}\right)} \right)$$

$$= \prod_{i=1}^{k} \exp\left(\varepsilon \frac{\mid f(G_2)_i - G_{3i} \mid - \mid f(G_1)_i - G_{3i} \mid}{\Delta f} \right)$$

$$\leqslant \prod_{i=1}^{k} \exp\left(\frac{\varepsilon \mid f(G_1)_i - f(G_2)_i \mid}{\Delta f} \right)$$

$$= \exp\left(\varepsilon \cdot \frac{\|f(G_1)-f(G_2)\|_1}{\Delta f} \right) \leqslant \exp(\varepsilon)$$

由于 UGDP 算法是在符合不确定图隐私的同时满足差分隐私，具有双重的隐私保护效果，因此，UGDP 算法具有高隐私保护的特征。在隐私性度量上采取差分隐私的度量方式，即用隐私预算 ε 来度量隐私保护程度。隐私预算 ε 越小，噪声的取值范围越广，噪声值对应的概率的取值也越广，在边混淆时达到的混淆程度越好，因此隐私保护效果越好。反之，隐私预算 ε 越大，噪声的取值范围越窄，噪声值对应的概率的取值也越窄，在边混淆时达到的混淆程度较差，因此隐私保护效果较差。

与原有的不确定图算法相比，UGDP 算法在满足不确定图的同时满足差分隐私的所有特征，它是一种严格可证明的隐私保护算法。但是，UGDP 算法也存在某些局限性，如数据的低可用性问题。

7.4.2 三元闭包法

首先构建不确定图模型，并在该模型下提出一种基于三元闭包的不确定图边概率分配算法来实现图的匿名化，然后对该模型的 3 个主要流程详细描述并给出该算法的伪代码。该算法在实现隐私保护的同时保留原数据的实用性。

1. 基于三元闭包的不确定图算法模型

该模型包括 5 个部分，如图 7-13 所示。第 1 部分和第 5 部分为算法的输入和输出，其中算法的输入为原始数据图，输出为不确定图，中间部分是该模型的主要环节，体现了三元闭包模型下的 3 个步骤，具体内容见后续的算法描述。

图 7-13　基于三元闭包的不确定图构造模型

2. 算法描述

对于一个社交网络图 G，它的点集为 V，边集为 E。

（1）加边。该过程首先收集图中所需的信息以获得结点集 V 和一个边集 E。随机选择点 $u,v \in V$ 且边 $(u,v) \notin E$，若两点之间的距离等于 2，则将边 (u,v) 加到图 G 中。图 7-14 所示为加边示意图，最多可以增加 3 条边。

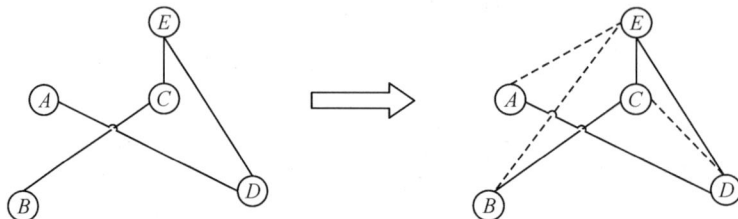

图 7-14　加边示意图

（2）确定三角形数量。当添加边 (u,v) 时，这个边和它附近的两个邻近潜在边可以形成一个三角形，继续执行上一步，可以得到多个三角形。为了避免重复，在选择三角形时必须附加一些约束条件：如果两个三角形具有相同的边，必须选择一个并放弃一个。最终构成一个三角形集合，该集合中任意两个三角形没有两两重复的边。例如，图 7-15 所示为确定三角形数量示意图，当添加边 AE 和边 BE 时，得到△AED 和△BEC，然后判断两个三角形是否具有相同的边。若这两个三角形没有相同的边，则可以将边 AE 和边 BE 添加到图中。与边 AE 和边 BE 相反，边 CD 被放弃，因为包括边 AE 的△AED 与△CED 具有相同的边 ED。

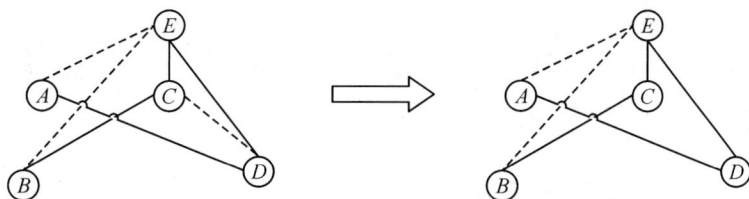

图 7-15　确定三角形数量示意图

（3）注入不确定性。对集合中每个三角形的三条边随机分配概率，为了使预期边概率不变，规定每个三角形三条边的概率和 $\sum_{i=1}^{3} P_i = 2$，等于原图中的边数。不属于三角形的边，分配概率为 1。通过向所有边注入概率，可以将图形转换为不确定图。当所有的边赋概率值后，可以获得边界约束 $\sum_{i=1}^{|E|} P_i = |E_{G_0}|$。注入概率法实现了隐私保护，而预期边约束旨在保护原数据效用，一次随机注入不确定后生成的不确定图如图 7-16 所示。

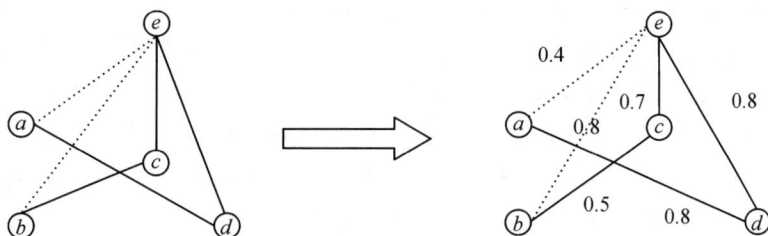

图 7-16　注入不确定性示意图

通过上述流程，在增加约束的条件下对原图 G 注入不确定性，得到不确定图 G'。详细的描述见算法 7.2 和算法 7.3。

算法 7.2：加边和选取三角形（前面的 n 表示顶点数，此处的 n 表示边数量，建议调整 n 为 e）
输入：原图 $G=(V,E_G)$，结点数 V，边数 E_G，添加的边数 e_m
输出：所选边的集合 S 和三角形 T，满足要求添加的总边数 m
1：$S \leftarrow \varnothing$
2：$T \leftarrow \varnothing$
3：$i=0$
4：while $i < m$ do
5：随机选 u,v 且 $(u,v) \notin E_G$，$d(a,b)=2$
6：if $T(u,v) \cap T = \varnothing$
7：$E_G \leftarrow E_G \cup (u,v)$
8：$S \leftarrow S \cup (u,v)$，$T \leftarrow T \cup T(u,v)$
9：$i=i+1$
10：end
11：Return S，T

算法 7.3：注入不确定性

输入：原图 $G=(V, E_G)$，结点数 V，边数 E_G，预期添加的边数 e_p，满足要求添加的总边数 m，$m \geqslant e_p$，筛选得到的边集合 S，三角形集合 T；

输出：不确定图 $G'=(V, p)$

1：$m = |T|$，$i = 0$

2：while $i < e_p$ do

3：随机选取 $\triangle ABC \in T$

4：$p(A, B) = \mathrm{random}(0.5, 1)$

5：$p(A, C) = (2 - p(A, B))/2$

6：$p(B, C) = 2 - (p(A, B) + p(A, C))$

7：$i = i + 1$

8：Return $G' = (V, p)$

---

3. 算法分析

为了实现较高的隐私保护效果，将原图转换为不确定图，则攻击者按组合方法只能以较低的概率从不确定图中恢复出原图，因此本算法能够实现对原图的概率性保护。在基于三元闭包的不确定图边概率分配算法中，首先基于三元闭包原理对原图加边，实现对原图的修改，然后有选择地选取加边形成的三角形，最终对其三边分配一定的概率值得到一个不确定图。当具有概率值的三角形越多，能够得到原图的概率越低，因此该算法能够对原图进行概率性保护。在转换过程中，对三角形的概率分配进行限制，使得三边的概率之和等于 2，目的是确保加边前后的边概率之和保持不变。在这种约束条件下，得到的不确定图的边概率之和等于原图的边概率之和，可以提高不确定图的数据效用。因此基于三元闭包的不确定图算法既实现了隐私保护，又保持了较高的数据效用性。

提出的基于三元闭包的不确定图边概率分配算法，与其他已有的算法相比，该算法在处理简单的社交网络数据时运行效率更高。由于该算法是对网络图的局部进行扰动，所以对于更复杂的网络图还需要进一步探索。

7.5 分析与比较

为了对不同隐私保护方法的隐私效果进行评价，下面利用不确定图的边概率信息，引入边熵来衡量所发布不确定图的隐私保护程度，并以此为评价依据衡量变换前后隐私程度的变化情况。同时，为了验证算法对数据效用性的影响程度，又定义了一些图统计指标来说明算法的数据效用性。然后，利用 Python 语言及第三方功能包 NetworkX 对算法进行代码模拟分析。其中，实验数据分为两部分，一部分为真实数据集，另一部分为合成数据集。

真实数据集来自 karate 和 dolphin 俱乐部，合成数据集分别为 200 和 500 个结点，连接概率为 0.2 的随机网络图。为了减少随机性，实验进行了 10 次模拟取其平均值。

7.5.1　隐私性度量

信息熵是信息论中用于度量信息量的一个概念，一个系统越是有序，信息熵就越低；反之，一个系统越是混乱，信息熵就越高。在不确定图隐私度量中，由于不确定图的边具有很强的随机性，因此引入边熵来衡量隐私保护效果。根据边的不确定程度，使用边熵来衡量不确定图的不确定性，即不确定图对原始图的隐私保护程度，不确定图的边熵定义由以下公式给出：

$$I_{e_i} = -p(e_i) \times \log_2 p(e_i)$$

其中，$e \in G'$，$p(e_i)$ 是该条边存在的概率。

$$\text{Ent}_e = \sum_{e \in G'} I_{e_i}$$

其中，Ent_e 为不确定图的边熵，Ent_e 值越大，表示不确定图的不确定程度越大，对应隐私保护方法的隐私保护效果越好。

7.5.2　数据效用性度量

根据相关指标来度量算法的数据效用性，用 NE 表示图中边的个数，AD 表示图中结点的平均度，DV 表示图中结点的度方差。

在图数据中，用 $d_1, d_2, \cdots, d_n$ 来表示图中结点度的序列。由于不确定图中每条边是以概率的形式出现的，因此不能直接用确定图中的结点度来表示不确定图中的结点度。在不确定图中，结点度的序列 $d_1, d_2, \cdots, d_n$ 是一些随机变量。利用结点的期望度来表示不确定图中结点的度，也就是说，对于任意的结点 $v \in V$，结点 v 的期望度是与它相连的边的概率之和，公式如下：

$$d_v = \sum p(i, j)$$

注：规定 $i = v$ 或者 $j = v$ 且 $i \neq j$。

原始图中 NE、AD 的计算见式(7-1)、式(7-2)，不确定图中 NE、AD 的计算见式(7-3)、式(7-4)，其中 DV 在原始图和不确定图中的计算方式一致，见式(7-5)。

$$NE = \frac{1}{2} \sum_{v \in V} d_v \tag{7-1}$$

$$AD = \frac{1}{n} \sum_{v \in V} d_v \tag{7-2}$$

$$NE = \frac{1}{2} \sum_{v \in V} \sum_{u \in V/v} p(u, v) = \sum_{e \in v_2} p(e) \tag{7-3}$$

$$AD = \frac{2}{n} \sum_{v \in V} d_v = \sum_{e \in v_2} p(e) \tag{7-4}$$

$$DV = \frac{1}{n} \sum_{v \in V} (d_v - AD)^2 \tag{7-5}$$

7.5.3 隐私性分析

为了对所提方法和已有方法的隐私性进行统一度量，我们利用边熵的变化情况来说明隐私保护效果。表7-2为UGDP算法中边熵的变化情况，表7-3为三元闭包法中边熵的变化情况，表7-4为(k,ε)-混淆算法中边熵的变化情况。

边熵是用来度量图的不确定程度的，边熵的值越大表明图的不确定程度越大。从表7-2可看出，UGDP算法中，结点个数越多，边熵越大，表明整个图的不确定程度越大，即隐私保护效果越好。由于UGDP算法是符合差分隐私的，根据差分隐私的特性，隐私预算ε越小，则隐私保护程度越高。但是，在利用UGDP算法将确定图转化为不确定图时，边概率的赋值服从拉普拉斯分布，具有一定的随机性，因此边熵的变化也具有随机性，与差分隐私的隐私保护程度不一定完全相符。如在表7-2中，当结点个数为61和500时，边熵的变化符合差分隐私的隐私保护效果，也就是说隐私预算越小，边熵的值越大，隐私保护程度越好；当结点个数为34和200时，边熵的变化与差分隐私的隐私保护效果不太一致，也就是说隐私预算越小，边熵的值不一定越大。

表7-2　UGDP算法中边熵的变化情况

结点个数	隐私预算		
	$\varepsilon=0.01$	$\varepsilon=0.1$	$\varepsilon=1$
34(karate)	26.59	30.41	26.49
61(dolphin)	59.09	58.13	58.93
200	2127.74	2122.61	2131.50
500	8977.01	8878.09	8868.46

基于三元闭包的不确定图边概率分配算法在生成不确定图的过程中，对原图进行加边，然后给形成的三角形的三边赋予概率值。如表7-3所列，随着边数的增加，得到的不确定图的边熵愈来愈大，表现为增长趋势。这种趋势反映出图隐私保护的效果越来越好，同时证明三元闭包法能够实现隐私保护的目的。e_p为不确定图的生成过程中总共添加的边数，c为调节加边数的因子，则实际添加的边数为$e_p \cdot c$。

表7-3　三元闭包法中边熵的变化情况

结点个数	增加的边数 e_p		
	$c=0.2$	$c=0.5$	$c=1$
34(karate)	5.71	13.66	28.31
61(dolphin)	6.46	16.83	33.49
200	40.31	102.50	204.41
500	106.94	266.94	535.68

(k,ε)-混淆算法将确定图转化为不确定图时可以保持较好的数据效用性，从表7-4可看出(k,ε)-混淆算法中边熵的变化情况。由于篇幅和不同参数组合的多种可能性，因此

只列出(k,ε)-混淆算法的一种情形来说明隐私保护效果，隐私度量的主要参数即混淆级别 k 的取值分别为 10 和 20，其他参数分别为 $\varepsilon=0.1,c=1,q=0.01$。

表 7-4　(k,ε)-混淆算法中边熵的变化情况

结点个数	混淆级别	
	$k=10$	$k=20$
34(karate)	9.92	8.46
61(dolphin)	17.09	17.65
200	626.74	619.24
500	2535.95	2541.95

比较表 7-2 和表 7-4 两种算法的边熵数据，UGDP 算法在隐私保护程度上优于 (k,ε)-混淆算法，可以达到较好的隐私保护效果。通过表 7-3 和表 7-4 可以看出，(k,ε)-混淆算法优于三元闭包方法，可以达到较好的隐私保护效果。

▶▶▶ 7.5.4　数据效用性分析

在隐私保护的同时，通过 NE，AD，DV 对数据效用性进行测定。

表 7-5 所列为原始数据图的数据效用及 $\varepsilon=0.1$ 时 UGDP 算法生成的不确定图的数据效用对比，可以看出，此时 UGDP 算法的数据效用性较低。表 7-6 所示为不同隐私预算 ε 下的数据效用性的对比，从中可以看出，隐私预算 ε 越大，隐私保护程度越差，数据效用性相对较好。

表 7-5　原始图与 $\varepsilon=0.1$ 时 UGDP 生成的不确定图的数据效用性比较

结点个数	原始图			不确定图 $\varepsilon=0.1$		
	NE	AD	DV	NE	AD	DV
34(karate)	78	4.0	14.94	34.39	2.02	6.37
61(dolphin)	159	5.0	8.61	81.47	2.63	3.57
200	5901	59	43.59	2962.62	29.63	26.40
500	24 844	99	73.26	12 359.50	49.44	36.82

表 7-6　$\varepsilon=0.01$ 与 $\varepsilon=1$ 时 UGDP 算法生成的不确定图的数据效用性比较

结点个数	度　量　指　标					
	不确定图中 $\varepsilon=0.01$			不确定图中 $\varepsilon=1$		
	NE	AD	DV	NE	AD	DV
34(karate)	37.94	2.23	4.74	40.10	2.35	3.57
61(dolphin)	84.48	2.73	3.19	76.55	2.47	2.56
200	2935.29	29.35	26.57	2942.57	29.43	23.09
500	12 386.96	49.55	45.65	12 416.32	49.67	46.19

表 7 - 7 所示为三元闭包法的数据效用性。通过三元闭包法得到的不确定图与原图相比，得出在度量指标 NE、AD 中，数据效用性保持不变，这说明通过该方法得到的不确定图具有较好的数据效用性。同时 DV 在网络中明显增加，这说明对原图进行修改时结点的度发生了变化。

表 7 - 7　原始图与三元闭包法生成的不确定图的数据效用性比较

结点个数	度 量 指 标					
	原始图			不确定图		
	NE	AD	DV	NE	AD	DV
34(karate)	78	4.58	14.94	78	4.58	11.97
61(dolphin)	159	5.12	8.61	159	5.12	4.81
200	5901	59.01	43.59	5901	59.01	128.39
500	24 844	99.38	73.26	24 844	99.38	356.12

表 7 - 8 所示为不同 k 值的 (k, ε)-混淆算法的数据效用性。通过度量指标 NE，AD，DV 在原始图和不确定图中的对比，可以看出该算法具有较好的数据效用性。

表 7 - 8　(k, ε)-混淆算法中不同 k 值的数据效用性对比

结点个数	度 量 指 标					
	(k, ε)-混淆 $k=10$			(k, ε)-混淆 $k=20$		
	NE	AD	DV	NE	AD	DV
34(karate)	70.20	4.13	10.47	71.61	4.21	12.39
61(dolphin)	145.22	4.68	6.79	145.35	4.77	6.99
200	5405.66	54.05	48.06	5416.10	54.16	50.13
500	22 781.41	91.13	78.38	22 793.89	91.18	83.39

通过不同算法的数据效用性比较，可以得出以下结论：UGDP 算法的数据效用性最差，三元闭包法的数据效用性最好，(k, ε)-混淆算法的数据效用性介于这两种算法之间。

7.5.5　算法整体分析

数据的隐私性与效用性本身是一对矛盾体，如果要达到高的隐私保护程度，就得牺牲数据的效用性。在前两个小节中通过与最早提出的 (k, ε)-混淆算法作对比，可以看出，所提的 UGDP 算法具有最好的隐私保护性，但是这种高隐私保护程度是通过牺牲数据的效用性得到的。同时，三元闭包方法具有高数据效用性，但隐私保护性较低。

不同的场景可能有不同的需求，高隐私保护程度还是高数据效用性，可以根据不同的需求来选择不同的隐私保护算法。

7.6　基于网络结构熵的数据效用性度量算法

本节首先介绍网络结构熵作为隐私度量指标来衡量图的匿名性，接下来使用网络结构熵来衡量不确定图算法对原始图的破坏程度。

7.6.1　网络结构熵与 k-匿名

对隐私进行量化可以检验隐私保护算法的优劣，因此对图结构的隐私进行衡量具有十分重要的理论意义和应用价值。网络结构熵是对整个结构是否有序的度量，自然可以用于研究图结构隐私度量。

图 7-17 所示为 4 种具有相同结点但链接关系不同的图结构。每种网络结构都有 4 个结点，但结点间的连接方式不同，它们的度序列向量分别是 $v_a=[1,3,1,1]$，$v_b=[1,3,2,2]$，$v_c=[2,3,3,2]$，$v_d=[3,3,3,3]$。根据 k-匿名图模型可知，图 7-17 中，(a)和(b)都是 1 度匿名图，(c)是 2 度匿名图，(d)是 4 度匿名图。毫无疑问图(d)的匿名级别最高，图(c)达到中等匿名级别，图(a)和(b)达到相同匿名级别但具有不同的结构。可以看出从 1 度匿名到 2 度匿名存在一个逐渐变化的过程，但 k-匿名图模型并不能准确地反映出这个变化过程。

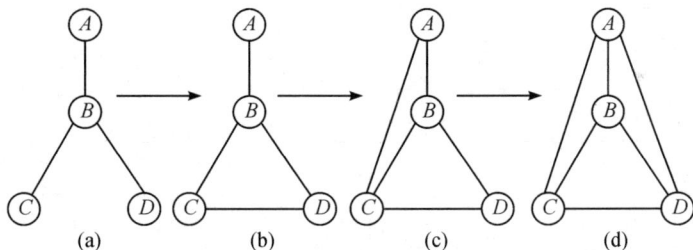

图 7-17　4 种具有相同结点但链接关系不同的图结构

k-匿名图模型的核心思想是度序列向量的匿名性。一个 k-匿名向量中，在没有任何辅助信息的前提下，任何一个元素被识别出来的概率不超过 $\frac{1}{k}$。因此许多图修改算法都通过加减边或者结点的方法来使图的度序列分布更加均匀，而网络静态特征是用来描述网络特征的微观数量分布统计或宏观数量平均值统计。为了更加细致地描绘度序列的变化过程，可以采取网络静态特征之一的网络结构熵作为隐私度量指标来衡量图的匿名性。

度序列分布反映了图的"形状"信息，而熵反映了图的"形状"是否有规律。图的形状越有规则，随机性越小，因此熵越小，对应地，图的度序列分布也越均匀。由熵的公式可计算，在 k-邻近图中网络熵取得最大值 $E_{max}=\ln N$，在星型图中熵取得最小值 $E_{min}=\ln 4(N-1)/2$，其中 N 表示图中所有结点的个数。

在图 7-17 中，(a)的网络结构熵为 1.242，(b)为 1.321，(c)为 1.366，(d)为 1.386。

因此，匿名级别越高，网络结构熵也越高。尽管图（a）和图（b）的匿名级别相同，但从网络结构熵仍然可以区分这两个不同结构的匿名级别。

7.6.2 图结构数据效用性度量算法

网络结构熵的变化可以用来衡量网络结构的变化，在衡量不确定图算法对原始图结构的破坏程度时，我们提出了基于网络结构熵的数据效用性度量算法。利用该算法可以判断原始图和不确定图结构熵的变化情况，从而可以衡量图结构的失真程度。不确定图的结构熵与原始图的结构熵越接近，说明不确定图对原始图的改变程度较小，因而很好地保持了原图的数据效用性。

结构熵是衡量网络结构的重要指标，可以精确简洁地度量复杂网络的非同质性，当网络受损分裂成几个随机网或者多数结点在非连通的情况下，网络结构熵会变大。表7-9所示为网络结构熵的变化情况。从中可以看出，原始图的结构熵与经过差分隐私法及三元闭包法得到的不确定图的结构熵的差值不大，且不确定图中的网络结构熵相对于原始网络图来说较小，两者之间的差值固定在0.2之内。表7-9只列出了结点个数小于或等于500时网络结构熵的变化。随着结点个数的增加，两者网络结构熵的差值在逐渐减小。因此可以说明所提算法很好地保持了网络中的结构特性。

算法详细描述见算法7.4。

表7-9 网络结构熵的变化情况

结点个数	原始图	不确定图			
		差分隐私法		三元闭包法	
		$\varepsilon=0.1$	$\varepsilon=1$	$e_p=0.5$	$e_p=1$
34(karate)	4.70	4.58	4.60	4.73	4.71
61(dolphin)	5.70	5.65	5.66	5.83	5.84
200	7.64	7.60	7.598	7.61	7.60
500	8.96	8.93	8.93	8.95	8.94

算法7.4：图结构数据效用性度量算法

输入：$G=(V,E)$或$G'=(V,p)$

输出：Entropy

1：如果输入的是确定图，直接计算结点的度 d_v，转4；否则转2

2：$G'=(V,p)\leftarrow G=(V,E)$

3：计算不确定图 $G'=(V,p)$ 中结点 v 的度 d_v，其中 $d_v=\sum p(i,j)$

4：求整个网络的总度 d_{sum}，$d_{sum}=\sum_{v\in V}d_v$

5：计算结点任意结点 $v\in V$ 的度占网络总度的概率，$p(v)=\dfrac{d_v}{d_{sum}}$

6：计算不确定图中网络结构熵，Entropy$=\sum-p(v)*\log_2 p(v)$

7：返回 Entropy

　　为了更加直观地说明网络结构熵的变化情况，将 4 种数据集在不同算法下的结构熵与原始图的结构熵相比，结果如图 7-18 所示。从中可以看出整体变化趋呈成水平状态，结构熵基本保持不变，从而说明本章提出的不确定图算法可以很好地保持原始图的结构特征。

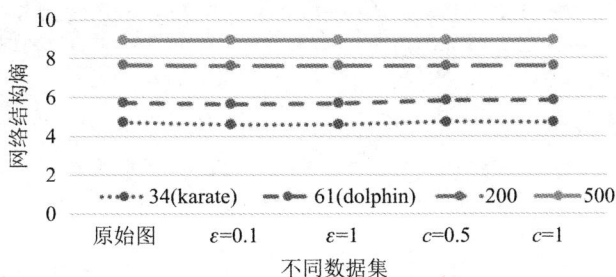

图 7-18　不同数据集的网络结构熵变化情况

本 章 小 结

　　本章基于不确定图方法针对社交网络隐私保护提出了两种不确定图算法：基于差分隐私的不确定图边概率赋值算法和基于三元闭包的不确定图边概率分配算法。差分隐私法将差分隐私与不确定图结合，不仅符合不确定图隐私保护算法，而且具有差分隐私的严格可证明特征，可以达到双重隐私保证，但目前数据效用性有待提高。三元闭包法将三元闭包理论与不确定图结合实现了社交网络隐私保护，并在一定程度上保持了较高的数据效用，与其他算法相比，三元闭包法在处理简单的社交网络图数据时运行效率更高。因此，在下一步工作中，我们将探索三元闭包法在大规模社交网络图中的应用。同时，根据网络结构熵的特征，提出了一种基于网络结构熵的数据效用性度量算法，用来衡量对原始图结构的破坏程度，关于这方面的研究可以作为未来的探索。

第8章 随机响应机制效用优化

本书第 5、6、7 章分别介绍了面向轨迹数据的个性化差分隐私、基因数据差分隐私及图数据中的差分隐私应用，这些都是基于中心化差分隐私的应用，但中心化差分隐私应用是基于第三方可信的假设。那如果第三方平台不可信呢？

本地化差分隐私解决了中心化差分隐私中第三方平台不可信的问题，因此其应用范围更加广泛。相应地，随机响应机制作为本地化差分隐私中主要的扰动机制之一也受到了广泛关注。因此，本章主要针对随机响应机制的效用优化问题开展研究。

8.1 研 究 背 景

随机响应机制是 Warner 于 1965 年提出的，因此也称 W-RR 机制。它的主要思想是利用对敏感信息的不确定性来保护数据信息。

随机响应机制给出的差分隐私保护方案如下：随机选取 n 个人，将其分为两组：A 组与 B 组。采用随机方法使得结果以概率 p 指向 A，以概率 $1-p$ 指向 B。在每轮调查中，受访者只需回答指向是否与其真正的组别一致（Yes 或 No）。目标是在不能确定具体个人属于哪组的前提下，估计 A 组中人数的比例。

数据的隐私性和效用性是隐私保护技术中最重要的两个衡量指标，但基于中心化差分隐私的 Laplace 机制和指数机制等对数据进行加噪后，常常难以平衡数据的隐私性与效用性。因此如何在隐私预算确定的条件下，寻找效用最高的差分隐私保护机制是许多学者关注的问题。

不同研究背景采用不同的效用测度。Jordi 等以噪声分布在 0 附近的集中程度作为评价标准，Geng 等以期望损失为效用测度，证明了阶梯形分布噪声是最优的。本章主要研究的问题是在确保隐私预算的前提下，分别针对 ε-差分隐私（ε-DP）和 (ε,δ)-差分隐私（(ε,δ)-DP）这 2 种隐私保护模型，研究二元随机响应机制的效用优化问题，并将其推广到多元随机响应机制。

下面举例说明要研究的问题。假如某校的教务处对全校师生进行问卷调查以了解其对教务管理系统的满意情况，问卷问题为"您对我校的教务管理系统是否满意？"。为保护师生的隐私，师生不必如实回答问卷调查，而是采用随机方法（比如投硬币）以某概率回答问卷。本章研究的问题是在保证差分隐私的前提下，以多大的概率如实回答问卷问题才能使如实回答问题的师生比例的数学期望达到最大？

本章讨论的问题可抽象如下：设数据提供者的数据 x 来自输入字母表 $\overline{X}$。经扰动后输出数据为 y，属于输出字母表 $\overline{Y}$，这里只讨论 $\overline{Y}=\overline{X}$ 的情形。假设利用输入与输出相同的记录占总记录比例的数学期望作为效用测度。给定隐私预算 ε（和参量 δ），在所有满足 ε-DP（或 (ε,δ)-DP）的机制中，寻求影响效用最优机制和效用最优值的相关因素，探讨效用最优机制的条件概率矩阵和最优效用值。

8.2　相关基础知识

本章要讨论的问题本质上可以归为线性规划问题，因此先学习必要的基础知识。

8.2.1　线性规划

线性规划问题来源于实际，由很多日常生活中的具体问题而产生。线性规划（Linear Programming，LP），是运筹学中研究较早、发展较快、应用广泛、方法较成熟的一个重要分支，它是辅助人们进行科学管理的一种数学方法。1947 年 Dantzig 在自己研究的基础上，结合前人的工作统一了线性规划模型的标准形式，由此他享有"线性规划之父"的美誉。

线性规划问题的解决思路一般如下：

（1）列出约束条件及目标函数；

（2）画出约束条件所表示的可行域；

（3）在可行域内求目标函数的最优解及最优值。

8.2.2　单纯形法

为了求出解线性规划问题的一般方法，Dantzig 引进了很多关于线性规划问题解的概念，从而统一了算法得到单纯形法。

设线性规划问题的标准形式如下：

$$\min f(\boldsymbol{X})=\min \boldsymbol{CX} \tag{8-1}$$

使得

$$\boldsymbol{AX}=\boldsymbol{b} \tag{8-2}$$

$$\boldsymbol{X} \geqslant \boldsymbol{0} \tag{8-3}$$

若 $\boldsymbol{A}$ 为 $m\times n$ 矩阵，令秩 $(\boldsymbol{A})=$ 秩 $(\boldsymbol{A},\boldsymbol{b})=m<n$，$b_i\geqslant0(i=1,2,\cdots,m)$，且这个线性规划问题的每一个基本可行解恰有 m 个非零分量。

可以令 $\boldsymbol{A}=(\boldsymbol{B},\boldsymbol{N})$，其中 $\boldsymbol{B}$ 为可逆方阵。对应表示 $\boldsymbol{C}=(\boldsymbol{C}_B^{\mathrm{T}},\boldsymbol{C}_N^{\mathrm{T}})$，$\boldsymbol{x}=\begin{pmatrix}\boldsymbol{x}_B\\\boldsymbol{x}_N\end{pmatrix}$。

由线性方程组理论把 $\boldsymbol{AX}=\boldsymbol{b}$ 写成 $(\boldsymbol{B},\boldsymbol{N})\begin{pmatrix}\boldsymbol{x}_B\\\boldsymbol{x}_N\end{pmatrix}=\boldsymbol{b}$，其中 $\boldsymbol{x}_B$ 为 $\boldsymbol{x}$ 的前 m 个分量，$\boldsymbol{x}_N$ 为后 $n-m$ 个分量。从而式（8-1）、（8-2）、（8-3）分别化为

$$\min f(\boldsymbol{X}) = \min \boldsymbol{C}_B^{\mathrm{T}} \boldsymbol{B}^{-1} \boldsymbol{b} - (\boldsymbol{C}_B^{\mathrm{T}} \boldsymbol{B}^{-1} \boldsymbol{N} - \boldsymbol{C}_n^{\mathrm{T}}) \boldsymbol{x}_N \qquad (8-4)$$

$$\boldsymbol{x}_B = \boldsymbol{B}^{-1} \boldsymbol{b} - \boldsymbol{B}^{-1} \boldsymbol{N} \boldsymbol{x}_N \qquad (8-5)$$

$$\boldsymbol{X} \geqslant \boldsymbol{0} \qquad (8-6)$$

称式(8-4)、(8-5)、(8-6)为原线性规划问题的**典式**。

由线性方程组的理论可知，线性规划问题(8-1)、(8-2)、(8-3)和(8-4)、(8-5)、(8-6)等价。把$(0, \boldsymbol{C}_B^{\mathrm{T}} \boldsymbol{B}^{-1} \boldsymbol{N} - \boldsymbol{C}_N^{\mathrm{T}})$中的元素称为线性规划的检验数，它的各个分量记为$\sigma_j$。

定理8.1（最优性判别定理） 在线性规划问题的典式中，由于矩阵$\boldsymbol{B}$可逆，因此其每一列都可作为方程组的基。设$\boldsymbol{X} = (b_1', b_2', \cdots, b_m', 0, \cdots, 0)^{\mathrm{T}}$是对应于基$\boldsymbol{B}$的一个基可行解，若有$\sigma_j \leqslant 0$，$j = m+1, m+2, \cdots, n$，则$\boldsymbol{X} = (b_1', b_2', \cdots, b_m', 0, \cdots, 0)^{\mathrm{T}}$是线性规划问题的最优解，并记为$\boldsymbol{X}^* = (b_1', b_2', \cdots, b_m', 0, \cdots, 0)^{\mathrm{T}}$，相应的目标函数最优值为$f(\boldsymbol{X}^*)$。

因此典式也可写为

$$\min f(\boldsymbol{X}) = f(\boldsymbol{X}^*) - \sum_{j=m+1}^{n} \sigma_j x_j$$

使得

$$\begin{cases} x_i + \sum_{j=m+1}^{n} a_{ij}' x_j = b_i', & i = 1, 2, \cdots, m \\ x_j \geqslant 0, & j = m+1, m+2, \cdots, n \end{cases}$$

8.3 ε-DP下二元随机响应机制效用优化

8.3.1 模型Ⅰ构建

二元随机响应机制的输入字母表为$\overline{X} = \{0, 1\}$，机制可用条件概率矩阵（或称设计矩阵）$\boldsymbol{P} = \begin{pmatrix} p_{00} & p_{01} \\ p_{10} & p_{11} \end{pmatrix}$表示，其中，$p_{ij}(i, j \in \{0, 1\})$表示输入数据为$i$时输出数据为$j$的条件概率，因此设计矩阵的行和为1，故

$$\boldsymbol{P} = \begin{pmatrix} p_{00} & 1 - p_{00} \\ 1 - p_{11} & p_{11} \end{pmatrix}$$

称机制$\boldsymbol{P}$满足(ε, δ)-DP，若$\forall j \in \overline{Y}$，$\forall i_1, i_2 \in \overline{X}$，有$p_{i_1 j} \leqslant e^{\varepsilon} p_{i_2 j} + \delta$。特别地，若$\delta = 0$，则称$P$满足$\varepsilon$-DP。

设π_i表示数据$i(i \in \{0, 1\})$在输入数据库中的比例，则$0 \leqslant \pi_i \leqslant 1$且$\pi_0 + \pi_1 = 1$。对于离散数据只有输出与输入相同时，数据才有价值，因此结合输入数据库的分布情况，用输出关于输入数据库正确率的数学期望作为效用度量，即$u = \pi_0 p_{00} + \pi_1 p_{11}$。

优化模型Ⅰ为

$$\max u = \pi_0 p_{00} + \pi_1 p_{11}$$

约束条件为

$$\begin{cases} 1 - p_{11} \leqslant e^{\varepsilon} p_{00} \\ 1 - p_{00} \leqslant e^{\varepsilon} p_{11} \\ p_{00} \leqslant e^{\varepsilon} (1 - p_{11}) \\ p_{11} \leqslant e^{\varepsilon} (1 - p_{00}) \\ 0 \leqslant p_{00}, \ p_{11} \leqslant 1 \end{cases}$$

模型 I 可视为线性规划问题。

8.3.2　图解法解模型 I

图 8-1 所示为 $\varepsilon = 0.1$ 时模型 I 的可行域，两组平行直线的斜率分别为 $-e^{\varepsilon}$ 和 $-\dfrac{1}{e^{\varepsilon}}$，顶点为：$A(0, 1)$，$B\left(\dfrac{e^{\varepsilon}}{e^{\varepsilon}+1}, \dfrac{e^{\varepsilon}}{e^{\varepsilon}+1}\right)$，$D\left(\dfrac{1}{e^{\varepsilon}+1}, \dfrac{1}{e^{\varepsilon}+1}\right)$ 和 $C(1, 0)$，目标函数等值线 $u = \pi_0 p_{00} + \pi_1 p_{11}$ 的斜率为 $-\dfrac{\pi_0}{\pi_1}$。

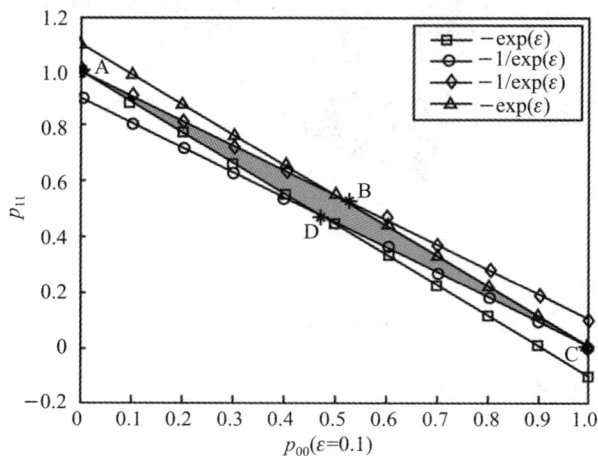

图 8-1　模型 I 的可行域($\varepsilon = 0.1$)

从图 8-1 可以看出：

(1) 当 $\dfrac{1}{e^{\varepsilon}} \leqslant \dfrac{\pi_0}{\pi_1} \leqslant e^{\varepsilon}$ 时，点 B 是最优解，最优值为 $\pi_0 \dfrac{e^{\varepsilon}}{e^{\varepsilon}+1} + \pi_1 \dfrac{e^{\varepsilon}}{e^{\varepsilon}+1} = \dfrac{e^{\varepsilon}}{e^{\varepsilon}+1}$，此时可设计矩阵为 $\begin{pmatrix} \dfrac{e^{\varepsilon}}{e^{\varepsilon}+1} & \dfrac{1}{e^{\varepsilon}+1} \\ \dfrac{1}{e^{\varepsilon}+1} & \dfrac{e^{\varepsilon}}{e^{\varepsilon}+1} \end{pmatrix}$；

(2) 当 $\dfrac{\pi_0}{\pi_1} \leqslant \dfrac{1}{e^{\varepsilon}}$ 时，点 A 是最优解，最优值为 $\pi_1 = 1 - \pi_0$，此时可设计矩阵为 $\begin{pmatrix} 0 & 1 \\ 0 & 1 \end{pmatrix}$；

(3) 当 $\dfrac{\pi_0}{\pi_1} \geqslant e^{\varepsilon}$ 时，点 C 是最优解，最优值为 π_0，此时可设计矩阵为 $\begin{pmatrix} 1 & 0 \\ 1 & 0 \end{pmatrix}$；

(4) 特别地，当 $\dfrac{\pi_0}{\pi_1} = e^{\varepsilon}$ 时，线段 BC 上的点都是最优解；

（5）当 $\dfrac{\pi_0}{\pi_1} = \dfrac{1}{e^{\varepsilon}}$ 时，线段 AB 上的点都是最优解。

故可得最优值 u^* 与隐私预算 ε 和 π_0 的函数关系如下：

$$u^* = \begin{cases} \pi_0, & \pi_0 \geqslant \dfrac{e^{\varepsilon}}{e^{\varepsilon}+1} \\[2mm] \dfrac{e^{\varepsilon}}{e^{\varepsilon}+1}, & \dfrac{1}{e^{\varepsilon}+1} \leqslant \pi_0 \leqslant \dfrac{e^{\varepsilon}}{e^{\varepsilon}+1} \\[2mm] 1-\pi_0, & \pi_0 \leqslant \dfrac{1}{e^{\varepsilon}+1} \end{cases} \tag{8-7}$$

图 8-2 所示为按照公式 8-7 给出的模型 I 的最优值 u^* 与隐私预算 ε 和输入分布 π_0 的函数关系图。

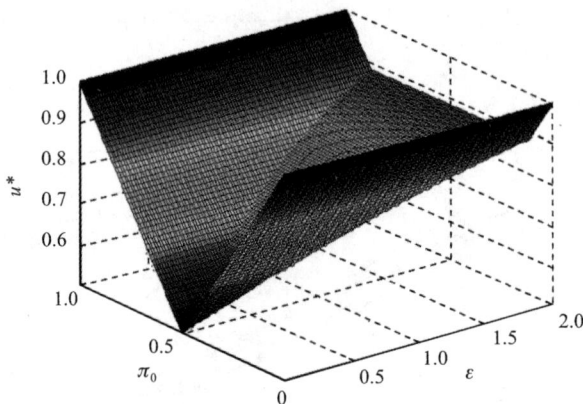

图 8-2　模型 I 中效用最优值与隐私预算和输入分布的关系

▶▶▶ 8.3.3　模型 I 最优解证明

由基础预备知识可知，将线性规划问题化为标准型并用最优性判别定理证明最优解是线性规划问题中常用的一种解决办法。

下面利用最优性判别定理证明式(8-7)确为模型 I 的最优值。

证明　将线性规划问题 I 化为标准型，这里为了表示的一致性，令 $x_1 = p_{00}$，$x_2 = p_{11}$。

$$\boldsymbol{X} = \begin{pmatrix} x_1,\ x_2, \\ x_3,\ x_4,\ x_5,\ x_6,\ x_7,\ x_8 \end{pmatrix}^{\mathrm{T}}$$

$$\boldsymbol{b} = (1,\ 1,\ e^{\varepsilon},\ e^{\varepsilon},\ 1,\ 1)^{\mathrm{T}}$$

$$\boldsymbol{C} = (\pi_0,\ \pi_1,\ 0,\ 0,\ 0,\ 0,\ 0,\ 0)$$

$$\boldsymbol{A} = \begin{pmatrix} e^{\varepsilon} & 1 & -1 & 0 & 0 & 0 & 0 & 0 \\ 1 & e^{\varepsilon} & 0 & -1 & 0 & 0 & 0 & 0 \\ 1 & e^{\varepsilon} & 0 & 0 & 1 & 0 & 0 & 0 \\ e^{\varepsilon} & 1 & 0 & 0 & 0 & 1 & 0 & 0 \\ 1 & 0 & 0 & 0 & 0 & 0 & 1 & 0 \\ 0 & 1 & 0 & 0 & 0 & 0 & 0 & 1 \end{pmatrix}$$

根据最优判别定理，有

（1）取 A 的 1，2，3，4，7，8 列作为基 B_1，将模型 I 化为相应的典式，得判别系数

$$(\sigma_5, \sigma_6) = \left(\frac{\pi_0 - \pi_1 e^\varepsilon}{e^{2\varepsilon} - 1}, \frac{\pi_1 - \pi_0 e^\varepsilon}{e^{2\varepsilon} - 1}\right)$$

因此当 $\frac{1}{e^\varepsilon} \leqslant \frac{\pi_0}{\pi_1} \leqslant e^\varepsilon$ 时，判别系数全部 $\leqslant 0$，对应于基 B_1 的解为基可行解，其中

$$x_1 = p_{00} = x_2 = p_{11} = \frac{e^\varepsilon}{e^\varepsilon + 1}$$

此对应于图解法的第一种情形。

（2）取矩阵 A 的 1，2，4，6，7，8 列作为基 B_2，将模型 I 化为相应的典式，得判别系数

$$(\sigma_3, \sigma_5) = \left(-\frac{\pi_1 - \pi_0 e^\varepsilon}{e^{2\varepsilon} - 1}, \frac{\pi_0 - \pi_1 e^\varepsilon}{e^{2\varepsilon} - 1}\right)$$

因此当 $\frac{\pi_0}{\pi_1} \leqslant \frac{1}{e^\varepsilon}$ 时，判别系数全部 $\leqslant 0$，对应于基 B_2 的解为基可行解，其中

$$x_1 = p_{00} = 0, \ x_2 = p_{11} = 1$$

此对应于图解法的第二种情形。

（3）取矩阵 A 的 1，2，3，5，7，8 列作为基 B_3，将模型 I 化为相应的典式，判别系数

$$(\sigma_4, \sigma_6) = \left(-\frac{\pi_0 - \pi_1 e^\varepsilon}{e^{2\varepsilon} - 1}, \frac{\pi_1 - \pi_0 e^\varepsilon}{e^{2\varepsilon} - 1}\right)$$

因此当 $\frac{\pi_0}{\pi_1} \geqslant e^\varepsilon$ 时，判别系数全部 $\leqslant 0$，对应于基 B_3 的解为基可行解，其中

$$x_1 = p_{00} = 1, \ x_2 = p_{11} = 0$$

此对应于图解法的第三种情形。

（4）当 $\frac{\pi_0}{\pi_1} = e^\varepsilon$ 时，$\pi_0 = \frac{e^\varepsilon}{e^\varepsilon + 1}$，$\pi_1 = \frac{1}{e^\varepsilon + 1}$，线段 BC 上的点可表示为

$$p_{11} = e^\varepsilon(1 - p_{00}), \ \text{其中} \frac{e^\varepsilon}{e^\varepsilon + 1} \leqslant p_{00} \leqslant 1$$

则线段 BC 上的点对应的效用值

$$u = \pi_0 p_{00} + \pi_1 p_{11} = \frac{e^\varepsilon}{e^\varepsilon + 1} p_{00} + \frac{1}{e^\varepsilon + 1} p_{11} = \frac{e^\varepsilon}{e^\varepsilon + 1} p_{00} + \frac{e^\varepsilon(1 - p_{00})}{e^\varepsilon + 1} = \frac{e^\varepsilon}{e^\varepsilon + 1}$$

（5）当 $\frac{\pi_0}{\pi_1} = \frac{1}{e^\varepsilon}$ 时，$\pi_0 = \frac{1}{e^\varepsilon + 1}$，$\pi_1 = \frac{e^\varepsilon}{e^\varepsilon + 1}$，线段 AB 上的点可表示为 $p_{11} = 1 - \frac{p_{00}}{e^\varepsilon}$，其中 $0 \leqslant p_{00} \leqslant \frac{e^\varepsilon}{e^\varepsilon + 1}$，则线段 AB 上的点对应的效用值

$$u = \pi_0 p_{00} + \pi_1 p_{11} = \frac{1}{e^\varepsilon + 1} p_{00} + \frac{e^\varepsilon}{e^\varepsilon + 1} p_{11} = \frac{p_{00}}{e^\varepsilon + 1} + \frac{e^\varepsilon\left(1 - \frac{p_{00}}{e^\varepsilon}\right)}{e^\varepsilon + 1} = \frac{e^\varepsilon}{e^\varepsilon + 1}$$

▶▶ 8.3.4　软件求解验证模型 I 最优解

求解线性规划问题一般采用单纯形法，有不少现成的数学软件。利用 Matlab 中的 linprog 命令求解模型 I，并绘制最优值的图形，如图 8-3 所示，对比后发现与图 8-2 一致。但软件只能对给定的隐私预算和输入分布给出相应的最优解，而不能给出函数关系的解析式。

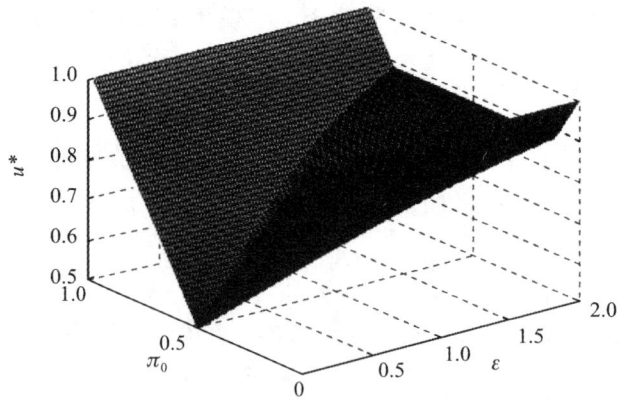

图 8 - 3　Matlab 软件求解模型 I 最优值结果

8.3.5　模型 I 数值仿真

图 8 - 4 为根据不同的输入数据分布情况按式(8 - 7)给出的最优机制所做的仿真实验结果。

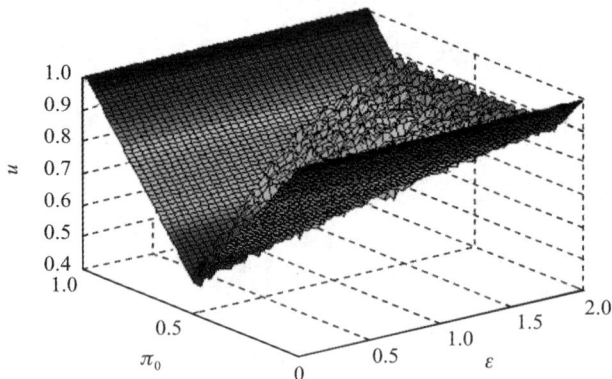

图 8 - 4　模型 I 效用最优值仿真结果

比较图 8 - 2 和图 8 - 4，仿真结果与最优值基本一致。但是效用度量是数学期望值，而仿真实验只能重复多次取平均值，因此二者不可能完全吻合。

从式(8 - 7)和图 8 - 3、图 8 - 4 可以看出，给定隐私预算 ε，在满足 ε-差分隐私的所有机制中，效用最优机制与输入数据库中各记录所占的比例有关：如果记录 0 所占比例超过 $\dfrac{e^{\varepsilon}}{e^{\varepsilon}+1}$，则效用最优机制为 $\begin{pmatrix} 1 & 0 \\ 1 & 0 \end{pmatrix}$，即不管输入为 0 还是 1，输出总是 0，效用最优值为 π_0；反之，如果记录 0 所占比例低于 $\dfrac{1}{e^{\varepsilon}+1}$，则效用最优机制为 $\begin{pmatrix} 0 & 1 \\ 0 & 1 \end{pmatrix}$，即不管输入为 0 还是 1，输出总是 1，效用最优值为 $1-\pi_0$；以上两种情况中最优机制均为确定机制。当记录 0 所占比例介于 $\dfrac{1}{e^{\varepsilon}+1}$ 和 $\dfrac{e^{\varepsilon}}{e^{\varepsilon}+1}$ 之间时，效用最优机制为 $\begin{pmatrix} \dfrac{e^{\varepsilon}}{e^{\varepsilon}+1} & \dfrac{1}{e^{\varepsilon}+1} \\ \dfrac{1}{e^{\varepsilon}+1} & \dfrac{e^{\varepsilon}}{e^{\varepsilon}+1} \end{pmatrix}$，即不管输入为 0 还是 1，

输出值与输入值相同的概率为 $\dfrac{e^{\varepsilon}}{e^{\varepsilon}+1}$，不同的概率为 $\dfrac{1}{e^{\varepsilon}+1}$，效用最优值为 $\dfrac{e^{\varepsilon}}{e^{\varepsilon}+1}$。

8.4　(ε, δ)-DP 下二元随机响应机制效用优化

8.4.1　模型 II 构建

目标函数为

$$\max u = \pi_0 p_{00} + \pi_1 p_{11}$$

约束条件为

$$\begin{cases} 1 - p_{11} \leqslant e^{\varepsilon} p_{00} + \delta \\ 1 - p_{00} \leqslant e^{\varepsilon} p_{11} + \delta \\ p_{00} \leqslant e^{\varepsilon}(1 - p_{11}) + \delta \\ p_{11} \leqslant e^{\varepsilon}(1 - p_{00}) + \delta \\ 0 \leqslant p_{00}, \; p_{11} \leqslant 1 \end{cases}$$

8.4.2　图解法解模型 II

模型 II 可行域如图 8-5 所示，其中 $\varepsilon = 0.1$，$\delta = 0.2$。顶点为 $A(0, 1-\delta)$，$B(0, 1)$，$C(\delta, 1)$，$D\left(\dfrac{\delta + e^{\varepsilon}}{e^{\varepsilon}+1}, \dfrac{\delta + e^{\varepsilon}}{e^{\varepsilon}+1}\right)$，$E(1, \delta)$，$F(1, 0)$，$G(1-\delta, 0)$，$H\left(\dfrac{1-\delta}{e^{\varepsilon}+1}, \dfrac{1-\delta}{e^{\varepsilon}+1}\right)$。

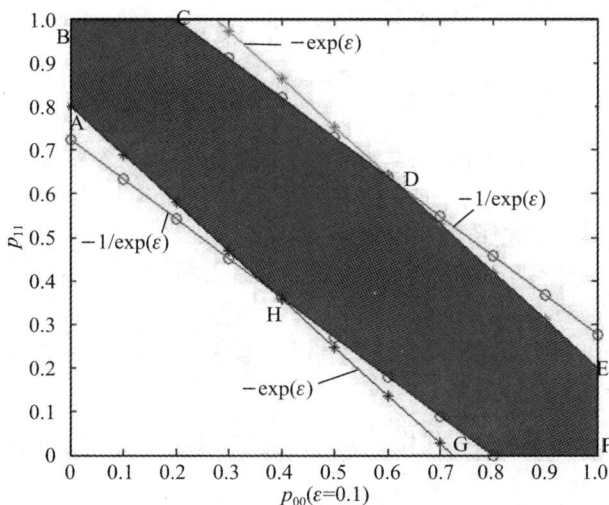

图 8-5　模型 II 的可行域（$\varepsilon = 0.1$，$\delta = 0.2$）

(1) 当 $\dfrac{1}{e^\varepsilon}\leqslant\dfrac{\pi_0}{\pi_1}\leqslant e^\varepsilon$ 时，点 D 是最优解，最优值为 $\dfrac{\delta+e^\varepsilon}{e^\varepsilon+1}$，设计矩阵为 $\begin{pmatrix}\dfrac{\delta+e^\varepsilon}{e^\varepsilon+1}&\dfrac{1-\delta}{e^\varepsilon+1}\\\dfrac{1-\delta}{e^\varepsilon+1}&\dfrac{\delta+e^\varepsilon}{e^\varepsilon+1}\end{pmatrix}$。

(2) 当 $\dfrac{\pi_0}{\pi_1}>e^\varepsilon$ 时，点 E 是最优解，最优值为 $\pi_0+(1-\pi_0)\delta$，设计矩阵为 $\begin{pmatrix}1&0\\1-\delta&\delta\end{pmatrix}$。

(3) 当 $\dfrac{\pi_0}{\pi_1}<\dfrac{1}{e^\varepsilon}$ 时，点 C 是最优解，最优值为 $\pi_0\delta+1-\pi_0$，设计矩阵为 $\begin{pmatrix}\delta&1-\delta\\0&1\end{pmatrix}$。

故最优值 u^* 与 ε，δ 和 π_0 的关系如式(8-8)，函数图像见图 8-6。

$$u^*=\begin{cases}\pi_0+(1-\pi_0)\delta,&\pi_0>\dfrac{e^\varepsilon}{e^\varepsilon+1}\\\dfrac{\delta+e^\varepsilon}{e^\varepsilon+1},&\dfrac{1}{e^\varepsilon+1}\leqslant\pi_0\leqslant\dfrac{e^\varepsilon}{e^\varepsilon+1}\\\pi_0\delta+1-\pi_0,&\pi_0<\dfrac{1}{e^\varepsilon+1}\end{cases}\tag{8-8}$$

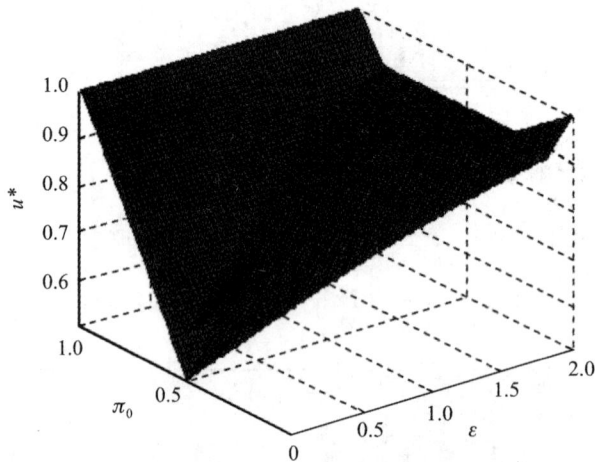

图 8-6 模型 II 中效用最优值与隐私预算和输入分布的关系

8.4.3 模型 II 最优解证明

模型 II 最优解证明如下：

将模型 II 化为标准型，其中 $\boldsymbol{X}$，$\boldsymbol{C}$，$\boldsymbol{A}$ 与模型 I 中的一样，$\boldsymbol{b}=(1-\delta,1-\delta,e^\varepsilon,e^\varepsilon,1,1)^{\mathrm{T}}$。

(1) 取 $\boldsymbol{A}$ 的 1，2，3，4，7，8 列作为基 $\boldsymbol{B}_1$，将模型 II 化为相应的典式，得判别系数

$$(\sigma_5,\sigma_6)=\left(\dfrac{\pi_0-\pi_1 e^\varepsilon}{e^{2\varepsilon}-1},\dfrac{\pi_1-\pi_0 e^\varepsilon}{e^{2\varepsilon}-1}\right)$$

当 $\dfrac{1}{e^\varepsilon}\leqslant\dfrac{\pi_0}{\pi_1}\leqslant e^\varepsilon$ 时，判别系数全部 $\leqslant0$，对应于基 $\boldsymbol{B}_1$ 的解为基可行解，其中

$$x_1 = p_{00} = x_2 = p_{11} = \frac{e^\varepsilon + \delta}{e^\varepsilon + 1}$$

此对应于图解法的第一种情形。

（2）取矩阵 $\boldsymbol{A}$ 的 1，2，3，4，5，8 列作为基 $\boldsymbol{B}_2$，得判别系数

$$(\sigma_6, \sigma_7) = (-\pi_1, \pi_1 e^\varepsilon - \pi_0)$$

当 $\dfrac{\pi_0}{\pi_1} > e^\varepsilon$，判别系数全部 $\leqslant 0$，对应于基 $\boldsymbol{B}_2$ 的解为基可行解，其中

$$x_1 = p_{00} = 1, \quad x_2 = p_{11} = \delta$$

此对应于图解法的第二种情形。

（3）取矩阵 $\boldsymbol{A}$ 的 1，2，3，4，6，7 列作为基 $\boldsymbol{B}_3$，得判别系数

$$(\sigma_5, \sigma_8) = (-\pi_0, \pi_0 e^\varepsilon - \pi_1)$$

当 $\dfrac{\pi_0}{\pi_1} < \dfrac{1}{e^\varepsilon}$ 时，判别系数全部 $\leqslant 0$，对应于基 $\boldsymbol{B}_3$ 的解为基可行解，其中

$$x_1 = p_{00} = \delta, \quad x_2 = p_{11} = 1$$

此对应于图解法的第三种情形，证毕。

▶▶▶ 8.4.4　软件求解验证模型 II 最优解

利用 Matlab 中的 linprog 命令求解模型 II，并绘制最优值的图形，见图 8-7。对比发现其与图 8-6 一致。

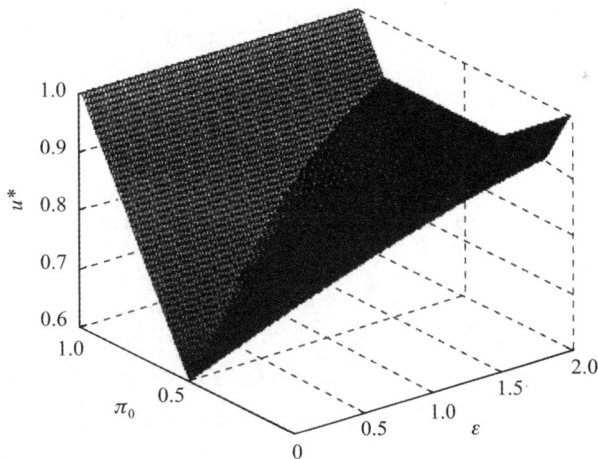

图 8-7　Matlab 软件求解模型 II 最优值结果

▶▶▶ 8.4.5　模型 II 数值仿真

图 8-8 所示为根据不同的输入数据分布情况按照式（8-8）的最优机制所做的仿真结果。比较图 8-6 和图 8-8，仿真结果与最优效用值一致。而且从图 8-8 可以看出，(ε, δ)-DP 避免了 ε-DP 中当 π_0 足够大或足够小时，机制退化为确定机制的缺点。

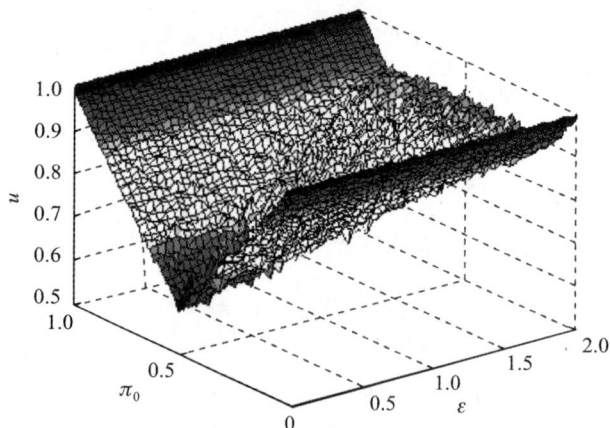

图 8 - 8　模型 Ⅱ 效用最优值仿真结果

从式(8-8)和图 8-7、图 8-8 可以看出，给定隐私预算 ε 和参量 δ，在满足 (ε, δ)-DP 的所有机制中，效用最优机制与输入数据库中各记录所占的比例有关：如果记录 0 所占比例超过 $\dfrac{e^{\varepsilon}}{e^{\varepsilon}+1}$，则效用最优机制为 $\begin{pmatrix} 1 & 0 \\ 1-\delta & \delta \end{pmatrix}$，即输入为 0 时输出总为 0，输入为 1 时输出为 1 的概率为 δ，效用最优值为 $\pi_0 + (1-\pi_0)\delta$；反之，如果记录 0 所占比例低于 $\dfrac{1}{e^{\varepsilon}+1}$，则效用最优机制为 $\begin{pmatrix} \delta & 1-\delta \\ 0 & 1 \end{pmatrix}$，即输入为 1 时输出总为 1，输入为 0 时输出为 0 的概率为 δ，效用最优值为 $\pi_0\delta + 1 - \pi_0$；当记录 0 所占比例介于 $\dfrac{1}{e^{\varepsilon}+1}$ 和 $\dfrac{e^{\varepsilon}}{e^{\varepsilon}+1}$ 之间时，效用最优机制为 $\begin{pmatrix} \dfrac{\delta+e^{\varepsilon}}{e^{\varepsilon}+1} & \dfrac{1-\delta}{e^{\varepsilon}+1} \\ \dfrac{1-\delta}{e^{\varepsilon}+1} & \dfrac{\delta+e^{\varepsilon}}{e^{\varepsilon}+1} \end{pmatrix}$，即不管输入为 0 还是 1，输出值与输入值相同的概率为 $\dfrac{\delta+e^{\varepsilon}}{e^{\varepsilon}+1}$，不同的概率为 $\dfrac{1-\delta}{e^{\varepsilon}+1}$，效用最优值为 $\dfrac{\delta+e^{\varepsilon}}{e^{\varepsilon}+1}$。

对比 ε-DP 和 (ε, δ)-DP 这两种情形，可以发现，最优机制中 (ε, δ)-DP 情形的效用比 ε-DP 情形的好，但会损失一些隐私保护程度。继续看基础知识预备中的例子，设全校师生共 10 000 名，$\varepsilon=0.1$，$\delta=0.15$。用"0"表示对教务系统不满意，"1"表示对教务系统满意。假设 $\pi_0=0.2$，$\pi_1=0.8$。因为 $\pi_0=0.2 < \dfrac{1}{e^{\varepsilon}+1}=0.4750$，所以效用最优的 ε-DP 机制的设计矩阵为 $\begin{pmatrix} 0 & 1 \\ 0 & 1 \end{pmatrix}$，即所有人都回答"满意"，最优效用值为 0.8。效用最优的 (ε, δ)-DP 机制的设计矩阵为 $\begin{pmatrix} 0.15 & 0.85 \\ 0 & 1 \end{pmatrix}$，最优效用值为 0.83。对其他比例的 π_0 和 π_1，也可得到相应的结论。

8.5　多元本地化差分隐私效用

设输入字母表 $\overline{X} = \{0, 1, \cdots, n-1\}$，$n$ 元广义随机响应机制为

$$\boldsymbol{P} = \begin{pmatrix} p_{00} & p_{01} & \cdots & p_{0,n-1} \\ p_{10} & p_{11} & \cdots & p_{1,n-1} \\ \vdots & \vdots & \ddots & \vdots \\ p_{n-1,0} & p_{n-1,2} & \cdots & p_{n-1,n-1} \end{pmatrix}$$

效用优化模型的目标函数为

$$\max u = \sum_{i=0}^{n-1} \pi_i p_{ii}$$

约束条件为

$$\begin{cases} p_{i_1 j} \leqslant e^{\varepsilon} p_{i_2 j} + \delta, & \forall i_1, i_2, j \in \{0, 1, \cdots, n-1\}, i_1 \neq i_2 \\ \sum_{k=0}^{n-1} p_{ik} = 1, & \forall i \in \{0, 1, \cdots, n-1\} \\ p_{ij} \geqslant 0, & \forall i, j \in \{0, 1, \cdots, n-1\} \end{cases}$$

这里有 n^2 个变量，$n^2(n-1)$ 个差分隐私限制，n 个行和为 1 限制，n^2 个非负限制。因为 $\forall i \in \{0, 1, \cdots, n-1\}$，$\sum_{k=0}^{n-1} p_{ik} = 1$，所以每一行可以保留 $n-1$ 个变量，另一个变量用其他元素表示。比如，令 $p_{0,n-1} = 1 - \sum_{k=0}^{n-2} p_{0k}$，$p_{i,i-1} = 1 - \sum_{k=0,k\neq i-1}^{n-1} p_{ik}$，$\forall i \in \{1, \cdots, n-1\}$。这样有 $n(n-1)$ 个变量，$n^2(n-1)$ 个差分隐私限制，n 个小于或等于 1 的限制和 $n(n-1)$ 个非负限制。

首先，因为变量个数比较多，自然不能用图解法求解。其次，由于最优性判定定理只是最优性判定的充分条件，且与基的选择有关，只能用于检验某自变量取值是否为最优解。随着元数的增加，自变量个数也越来越多，导致给出效用最优值与差分隐私预算及输入数据集分布的关系越来越难。再者，虽然利用各种数学软件求解线性规划问题很容易，但是只针对给定的系数，而不能得到最优值与隐私预算及数据分布间关系的解析式。

线性规划问题的最优解在可行域的极值点取得，因此对差分隐私可行域极值点的研究是广大学者研究的重点。本章中采用极值点法对模型 Ⅰ 求解。

如果 n 元差分隐私机制 $\boldsymbol{P}$ 中存在 $p_{ij} = 0$，则第 j 列元素全为 0，换句话说，差分隐私机制的列向量要么分量全部为 0，要么全部非 0。n 元差分隐私机制恰有 1 个非零列的极值点为只有一列全部为 1 其他元素全为 0 的矩阵；恰有 2 个非零列的极值点的机制中非零列元素为 $\dfrac{e^{\varepsilon}}{e^{\varepsilon}+1}$ 或 $\dfrac{1}{e^{\varepsilon}+1}$。根据上述结论可得二元本地化差分隐私可行域的所有极值点为 $\begin{pmatrix} 1 & 0 \\ 1 & 0 \end{pmatrix}$，

$\begin{pmatrix} 0 & 1 \\ 0 & 1 \end{pmatrix}$, $\begin{pmatrix} \dfrac{e^{\varepsilon}}{e^{\varepsilon}+1} & \dfrac{1}{e^{\varepsilon}+1} \\ \dfrac{1}{e^{\varepsilon}+1} & \dfrac{e^{\varepsilon}}{e^{\varepsilon}+1} \end{pmatrix}$ 和 $\begin{pmatrix} \dfrac{1}{e^{\varepsilon}+1} & \dfrac{e^{\varepsilon}}{e^{\varepsilon}+1} \\ \dfrac{e^{\varepsilon}}{e^{\varepsilon}+1} & \dfrac{1}{e^{\varepsilon}+1} \end{pmatrix}$,对应的效用值为 π_0,$1-\pi_0$,$\dfrac{e^{\varepsilon}}{e^{\varepsilon}+1}$ 和 $\dfrac{1}{e^{\varepsilon}+1}$。因

为 $\varepsilon \geqslant 0$,所以 $\dfrac{e^{\varepsilon}}{e^{\varepsilon}+1} \geqslant \dfrac{1}{e^{\varepsilon}+1}$,因此只需比较 π_0,$1-\pi_0$ 和 $\dfrac{e^{\varepsilon}}{e^{\varepsilon}+1}$ 的大小。

(1) 当 $\pi_0 \geqslant \dfrac{e^{\varepsilon}}{e^{\varepsilon}+1}$ 时,$1-\pi_0 \leqslant \dfrac{1}{e^{\varepsilon}+1} \leqslant \dfrac{e^{\varepsilon}}{e^{\varepsilon}+1}$,最优值为 π_0。

(2) 当 $\pi_0 \geqslant \dfrac{1}{e^{\varepsilon}+1}$ 时,$1-\pi_0 \geqslant \dfrac{e^{\varepsilon}}{e^{\varepsilon}+1}$,最优值为 $1-\pi_0$。

(3) 当 $\dfrac{1}{e^{\varepsilon}+1} \leqslant \pi_0 \leqslant \dfrac{e^{\varepsilon}}{e^{\varepsilon}+1}$ 时,最优值为 $\dfrac{e^{\varepsilon}}{e^{\varepsilon}+1}$。

此与式(8-8)一致。

本 章 小 结

在大数据环境中隐私泄露日益严重、隐私保护需求日益增强的背景下,针对差分隐私中随机响应机制的效用优化问题展开研究。首先研究了广义二元随机响应机制的效用优化问题,分别针对 ε-DP 和 (ε, δ)-DP 情形建立效用优化模型并求解,得到了最优解与隐私预算和输入数据分布的解析式,给出了相应的最优机制,并通过数值仿真验证所得结论。针对多元广义差分隐私的效用优化问题展开讨论,用差分隐私可行域的极值点去研究效用最优值,其中,多元随机响应机制的效用最优值与输入分布和隐私预算间的函数表达式有待进一步研究。

第三部分

差分隐私新进展

第 9 章　混洗差分隐私

对发展已久的差分隐私理论而言，目前相对成熟的框架有中心化差分隐私和本地化差分隐私。不过由中心化差分隐私得到的数据效用性比较好，但用户数据的隐私性稍差；本地化差分隐私数据的隐私效果比较好，但用户数据效用性稍差。为了在这两个框架之间取得隐私性和效用性的平衡，混洗差分隐私（Shuffle Differential Privacy，SDP）就应运而生，它提供的数据隐私性与效用性介于中心化差分隐私（CDP）和本地化差分隐私（LDP）之间。

本章主要介绍混洗差分隐私的研究背景与进展、ESA 框架以及混洗差分隐私的基本理论与应用。

9.1　SDP 提出背景及研究进展

9.1.1　SDP 提出的背景

自 Dwork 提出差分隐私理论以来，差分隐私技术经过近 20 年的完善已经较为成熟。在众多隐私保护技术与手段中，差分隐私的应用较为广泛。其中，本地化差分隐私技术由于具有良好的隐私性能，因而更受青睐。

本地化差分隐私技术之所以被广泛应用，主要有两点优势：一是对隐私进行了可量化的严格定义以及在数据收集场景上具有更强的普适性，由于对隐私进行了可量化的严格定义，保证了任意一条数据的删改增加所造成的影响几乎可以忽略不计，从而解决了匿名化难以对付的背景知识攻击的问题；二是在数据收集场景中，LDP 不依赖可信的第三方数据收集平台，直接在本地端对数据进行扰动，扰动后的数据被收集起来经过校正再向外发布。

但在实际应用中，LDP 虽然提高了隐私性但不能很好地兼顾数据效用性，因此，学术界致力于找到一种新的隐私保护技术来平衡数据隐私性和效用性。基于此，混洗差分隐私应运而生。

>>> 9.1.2　SDP 国外研究进展

2017 年谷歌的 Bittau 等提出了 ESA(Encode & Shuffle & Analyze)框架，对数据的隐私性与效用性平衡问题给出了有力的回答。该框架主要由编码器(Encoder)、混洗器（Shuffler）和分析器（Analyzer）3 部分组成。

首先，在用户端应用编码器对原始数据进行本地化差分隐私扰动；然后将扰动后的数据加密发给混洗器，达到将数据顺序打乱的目的；最后将打乱的结果发送给分析器，利用分析器对打乱的结果进行解密分析。在这个过程中，由于混洗器破坏了数据和用户之间的对应关系，为用户带来了匿名性，因此在一定程度上提升了对用户的隐私保护程度。所以，该技术能够做到数据效用性与隐私性的平衡，摒弃了传统的中心化差分隐私需要加入大量噪声，导致数据效用性降低的缺点，同时也保证了更强的隐私保护效果。

2019 年有学者在欧密会上提出了差分隐私中的一个新概念：隐私毯子(Privacy Blanket)。通过弱化攻击者的模型，尝试应用本地化差分隐私的数据处理方式得到和中心化差分隐私准确性接近的效果。隐私毯子也反映出了差分隐私的一个本质，即为了掩盖数据集增加删改某条数据时所引起的结果变化而增加噪声，进而起到保护某条数据隐私性的作用。那么是不是只要本地模型引入了这样量级的噪声，就意味着可以在本地模型获得和中心化模型相同的准确性呢？置乱模型(Shuffle Model)就是类似的思想：如果假定用户是匿名的，就可以降低本地模型中引入的噪声量，通过置乱实现隐私放大效应(Privacy Amplification)。这里使用"毯子"确实也更形象一些，就像把某个人的隐私用毯子盖住一样。

混洗差分隐私(SDP)在混洗器(Shuffler)的作用下尽可能对数据进行较小扰动，同时保护用户隐私，使得任一用户的隐私信息都不能被数据分析者从收集数据中唯一识别。SDP作为新兴技术已经被应用到各个领域。图 9-1 所示为国外混洗差分隐私关键词分析，从图中可以看出"计算机科学"出现的频率最高，混洗差分隐私在计算机领域的应用最多，作为关键词出现多达 20 次，而在机械、通信、数学等各个领域也均有应用。

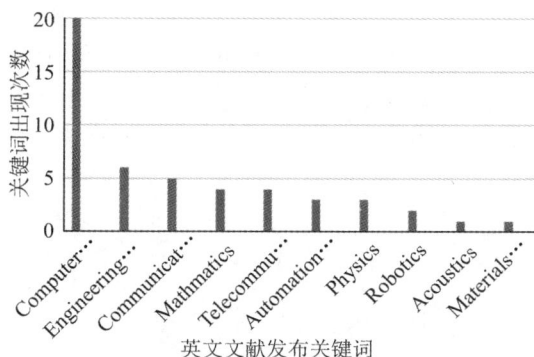

图 9-1　国外混洗差分隐私关键词分析

国内外近几年对于混洗差分隐私研究的关注度也在逐年升高。图 9-2 所示为国外混洗差分隐私发文量分析。从图中可以看出，2022 年国外对于混洗差分隐私有了更多的研究，这一年文献的发布数量是前 6 年的总和。但是混洗差分隐私的研究刚刚起步，迄今为止，国内外相关的研究文献数量都很有限。

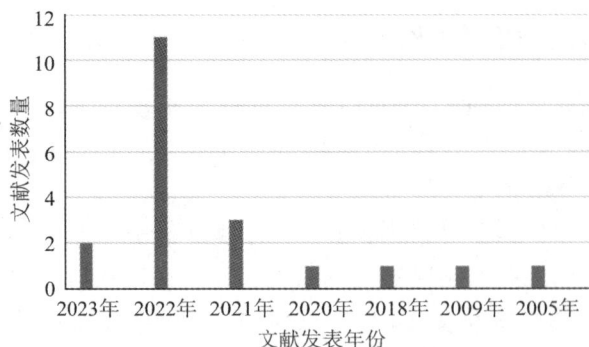

图 9-2　国外混洗差分隐私发文量分析

此外，图 9-3 所示为混洗差分隐私英文文献作者分析。从图中可以看出，到目前为止，进行混洗差分隐私的学者数量仍然有很大的增长空间。

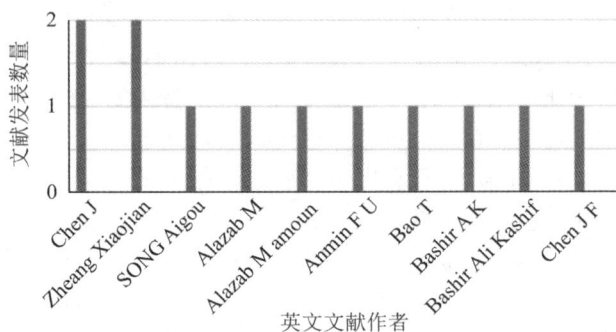

图 9-3　混洗差分隐私英文文献作者分析

▶▶▶ 9.1.3　SDP 国内研究进展

目前国内对于混洗差分隐私的研究还处于起步阶段，文献数量较少。图 9-4 所示为国内研究混洗差分隐私发文量分析，从图中可以看出，自 2019 年国内第一篇研究混洗差分隐私的文献问世之后，截至目前发表的文献大概有 10 篇左右，并且国内对于混洗差分隐私的关注度在逐渐升高。

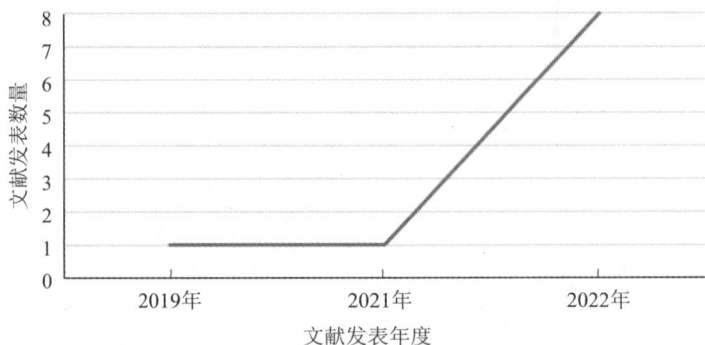

图 9-4　国内混洗差分隐私发文量分析

　　图 9-5 所示为国内混洗差分隐私相关文献的关键词分析。从图中可以看出，文献中出现最多的关键词为差分隐私，出现较频繁的关键词有隐私保护和联邦学习，说明混洗差分隐私在这些方面应用得较为广泛。

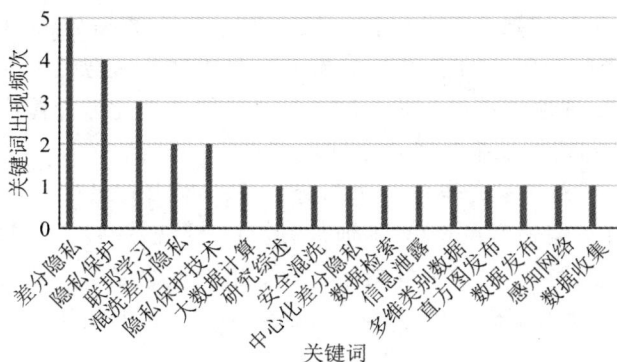

图 9-5　国内混洗差分隐私相关文献的关键词分析

　　图 9-6 所示为国内混洗差分隐私发文作者分析，从图中可以看到，全国各个高校都有学者对其进行研究并发表了相关文献。其中河南财经政法大学的张啸剑老师及其团队对于混洗差分隐私的研究最多，他们的主要工作是研究如何将混洗差分隐私应用在直方图发布中。

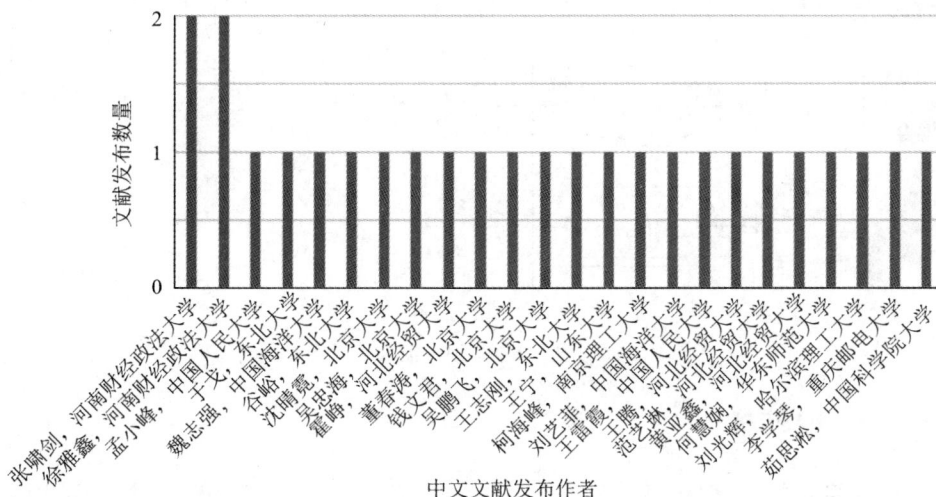

图 9-6　国内混洗差分隐私发文作者分析

9.2　ESA 框架

　　Bittau 等提出的 ESA(Encode Shuffle Analyze)框架的主要思想是在混洗器的作用下减少对数据的干扰，同时保护用户隐私。

9.2.1　ESA 框架定义

随着人工智能的发展，用户数据的收集越来越重要。在这个背景下，数据隐私保护技术的研究与发展也越来越成熟。隐私保护手段主要是基于数据分组的 k-匿名、l-多样性、t-近邻等模型，基于密码学理论的模型以及基于数据扰动的差分隐私模型。当前应用层面主要使用基于差分隐私理论的本地化差分隐私技术，但本地化差分隐私对数据造成了较大的干扰，而 ESA 框架却很好地解决了这个问题。

ESA 框架主要包括相互不合谋的 3 个部分：编码器（Encoder）、混洗器（Shuffler）、分析器（Analyzer）。其中，编码器在客户（本地）端运行，混洗器在一个半诚信的第三方运行，分析器在数据收集者端运行。在这个框架下，新提出的概念是混洗器，其作用是实现对用户数据的匿名，该匿名兼顾了数据的隐私性和效用性。ESA 框架如图 9-7 所示。

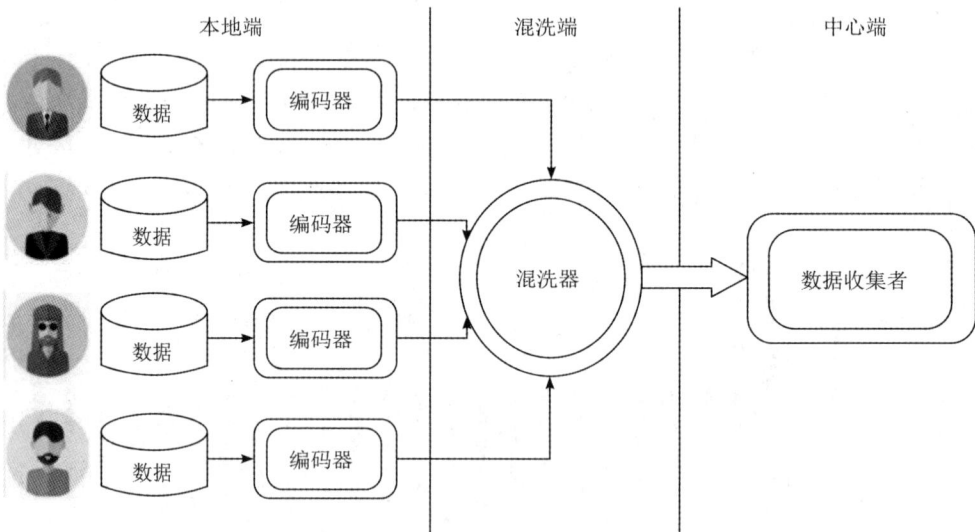

图 9-7　ESA 框架

9.2.2　编码器

定义 9.1（编码器）　编码器是将信号（如比特流）或者数据编码、转换为可用来通信、传输和存储的信号形式的设备。

在 ESA 框架中，编码器主要在用户的本地客户端运行，通常被认为是可信的。作为框架的第一个流程，编码器的任务是对用户的数据进行编码，以完成对用户数据的发布范围、粒度、扰动程度以及随机化程度的控制，在不依赖任何信任假设的情况下保护用户数据隐私。

在 ESA 框架中，编码器可分为单消息模式与多消息模式，其分类依据是输出多少消息。单消息模式中输出可以是一个数值、一个二元组或一个数组，即用户的数据被编码为一条消息；类似地，多消息模式的输出则是多个数值、二元组或数组，即用户的数据被编码为多条消息。

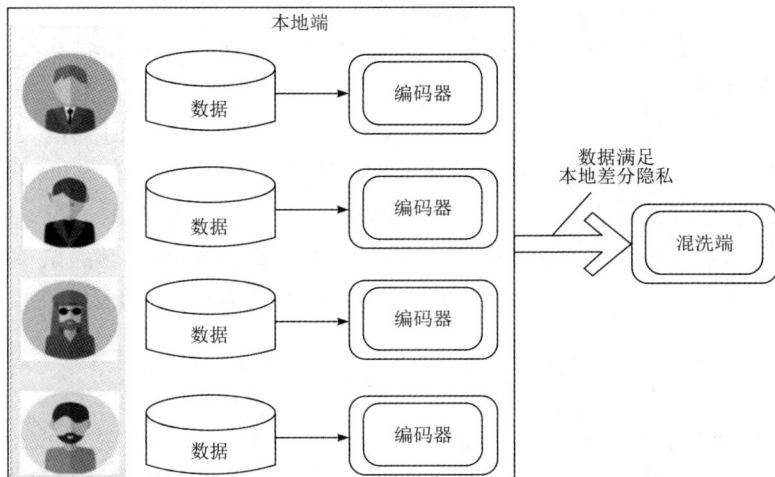

图 9-8　编码器示意图

编码器可通过数据泛化、数据分割、加密、添加差分隐私噪声的方式实现，以达到消除或减少数据所蕴含的隐私信息的目的。编码器示意图如图 9-8 所示。

9.2.3　混洗器

定义 9.2(混洗器)　混洗器在对数据内容一无所知的情况下执行安全的混洗操作，即对接收的数据进行混洗(即打乱顺序)，以达到匿名目的。

图 9-9 所示为混洗器。在 ESA 框架中混洗器是核心组件，它位于编码器之后，通常是独立的半诚信服务器。混洗器从逻辑上将分析器与客户端的编码器分开，在两者之间进行隐私增强。混洗器的作用是接收用户编码后的数据，消除相应的元数据，并对接收到的数据按照安全的混洗协议进行混洗(即打乱顺序)，从而达到匿名的目的。在此过程中混洗器需要完成 4 个任务，分别是：匿名化、混洗、阈值化、批处理。

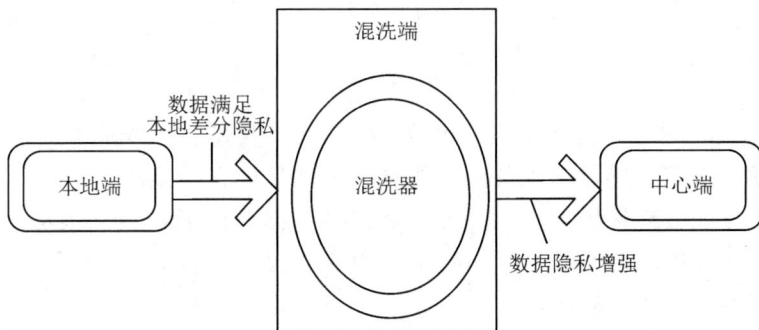

图 9-9　混洗器示意图

为保证足够的隐私保护效果，混洗器需等待一段时间，收集足够的用户数据进行混洗，并对数据量满足一定阈值的数据进行发布。当数据量为敏感信息时，可对该阈值添加满足差分隐私的噪声进行扰动，或者随机丢掉一些数据使数据量满足差分隐私，从而保护数据量隐私。

在 ESA 框架中，混洗器可分为单混洗器模式和多混洗器模式。单混洗器模式仅采用一个混洗器将所有编码器发来的数据进行混洗；多混洗器模式则是对编码器发来的数据分类后用多个混洗器分别混洗。

多混洗器模式通常用于属性或分类特征不敏感的情况下，与多消息模式的编码器相结合，值得注意的是，多混洗器模式并不意味着必须是多消息模式。由于单混洗模式将所有数据混合，因此具有更高的隐私性，但对多消息的分类特征不敏感的情况，使用多混洗模式则会获得更高的数据可用性。混洗器的具体实现可根据该模型部署的条件，借助已有的安全混洗协议，基于可信硬件、同态加密或安全多方计算等方式完成。

9.2.4　分析器

定义 9.3(分析器)　分析器是用适当的统计分析方法对收集来的大量数据进行分析，将它们加以汇总和理解并消化，以求最大化地开发数据的功能，发挥数据作用的服务器。

在 ESA 框架中，分析器由数据收集者运行，图 9 - 10 所示为分析器。分析器位于混洗器之后，通常被认为是不可信的服务器。它的作用是解密、存储、聚合从混洗器处收集到的数据，依据相应的编码和混洗规则对数据进行分析与校正，并获取最终的统计结果。

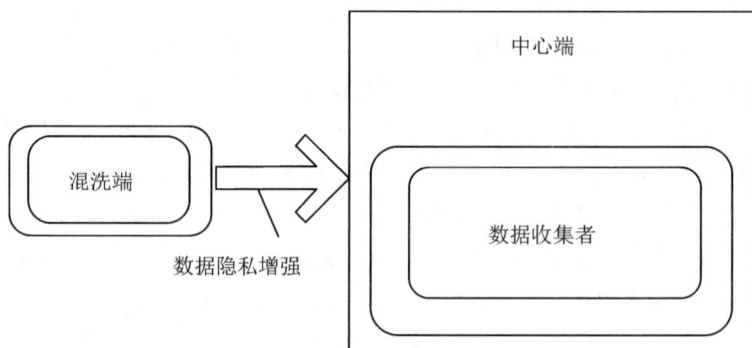

图 9 - 10　分析器示意图

尽管在经过编码器以及混洗器的干扰后，数据的灵敏度已经得到极大的限制，但分析器是对这些数据记录具有访问权限的唯一主体。也就是说在模型中，分析器发布的数据被认为是公共的，为了最终保护用户的隐私，可以使用差分隐私技术来发布分析器的输出。多数情况下，经过编码和混洗操作后的数据足以保证差分隐私，此时，用户的数据库更容易使用，因为它不需要特殊的保护。

9.2.5　ESA 隐私分析

ESA 框架假设 3 个步骤之间是信任分离的，即编码器、混洗器和分析器互不串通，每个步骤都为模型增加了更多的隐私性，即使在最糟糕的威胁模型中，编码器的隐私保证仍然有效。但是一旦其中两个步骤相互合谋，该模型最终获得的隐私效果就会大打折扣。

若对违反假设的情况进行讨论，分析 ESA 框架在不同场景下的隐私效果，则可得到如下定理。

定理 9.1(ESA 隐私分析)　假设分析器作为攻击者，该模型获得的隐私保护程度在 3 个步骤无合谋时为 A_c；分析器与混洗器合谋时该模型获得的隐私保护程度为 A_s；分析器与编码器合谋时该模型获得的隐私保护程度为 A_e，则可以得出结论：$A_c > A_e \geqslant A_s$。

分析　当分析器与混洗器合谋时，用户数据仅可获得编码器所带来的保护——A_s。特别地，当该框架下隐私保护的最终目标是实现差分隐私，编码器使用本地化差分隐私方法进行编码时，用户可获得相对 A_c 较弱的差分隐私保护。

考虑分析器与编码器合谋的情况，由于编码器数量不唯一且相互独立，不同数量的编码器合谋，最终 A_e 的结果也会不同。若所有的编码器都参与合谋，则会造成混洗器的作用消失，用户数据仅获得 A_s 的隐私保护水平。通常情况下，只会有部分编码器参与合谋，此时混洗器的作用相对减弱，最终获得大于 A_s 且小于 A_c 的隐私保护水平。

综上所述，A_s 和 A_c 分别代表不同攻击模式下 ESA 框架隐私保护程度的下界和上界，因此这两个参数对于讨论 ESA 框架具有重要意义。

9.3　混洗差分隐私基本理论

通常情况下，ESA 框架与差分隐私理论相结合，以此来解决数据的隐私和效用的平衡问题。这种结合称为混洗差分隐私(Shuffle Differential Privacy，SDP)，下面将给出具体的定义和说明。

9.3.1　混洗差分隐私定义

混洗差分隐私是与本地化差分隐私和中心化差分隐私不同的隐私保护技术，其结构符合 ESA 框架并满足差分隐私的定义。混洗差分隐私主要利用拼接和排列技术来处理所有用户本地扰动之后的消息，以确保在混洗操作后数据满足 (ε, δ)-DP。混洗差分隐私的定义如下。

定义 9.4(混洗差分隐私)　假设给定 n 个可信用户，每个用户对应 1 条记录 x_i。令 R：$X \to Y^m$ 表示随机化的编码器，其中 m 表示编码后消息的数量；令 S：$Y^m \to \Pi(Y^m)$ 表示混洗操作；令 A：$\Pi(Y^m) \to Z$ 表示分析函数，其中 Π 表示乱序，则混洗差分隐私协议可表示为 $P = (R, S, A)$。根据后处理性，协议 P 满足 (ε, δ)-DP 当且仅当扰动后的数据 $S \circ R^n = S(R(x_1), R(x_2), \cdots, R(x_n)) = \Pi(R(x_1), R(x_2), \cdots, R(x_n))$ 满足 (ε, δ)-DP。

图 9-11 所示为混洗差分隐私的基本模型，从图中可以看出，混洗差分隐私的模块与 ESA 框架保持一致，分为互不合谋的 3 个部分：编码器(Encoder)、混洗器(Shuffler)、分析器(Analyzer)。其中编码器位于本地端，混洗器是编码器之后的一个半可信的第三方，分析器位于中心端。

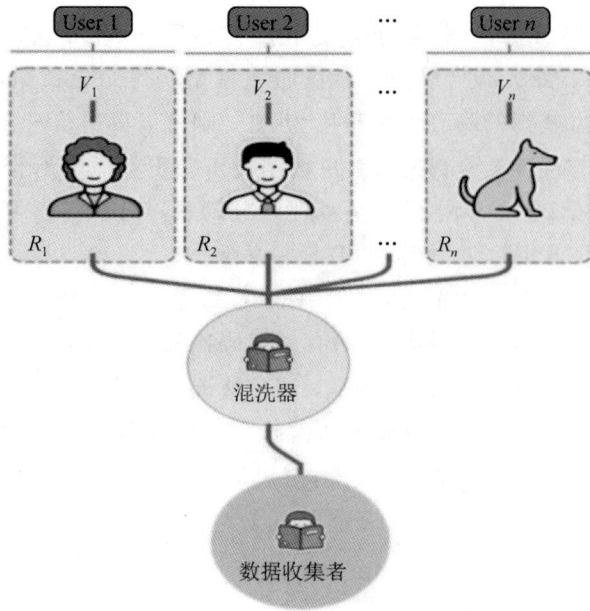

图 9-11　混洗差分隐私基本模型

9.3.2　不同差分隐私的比较

从定义的角度来看，3 种差分隐私都需要满足差分隐私定义中的基本不等式，它们的不同在于对相邻数据集的理解不同。本地化差分隐私认为，不同的两个用户拥有不同的数据，因此任意两个用户代表相邻数据集；混洗差分隐私认为，在经过编码器干扰和混洗器混洗后收集来的数据库中，彼此相差一条数据的数据集为相邻数据集；中心化差分隐私认为，在从用户端直接收集来的数据库中，彼此相差一条数据的数据集为相邻数据集。相邻数据集的不同解释导致 3 种差分隐私常用的随机算法不同。

从常用技术的角度来看，本地化差分隐私实现的常用技术是随机响应机制，在第 4 章已做过详细介绍；混洗差分隐私的实现主要是设计合理的本地化随机应答机制以及合理的混洗协议。虽然目前已有各种各样的混洗协议，但已有研究证明，在其他条件相同的情况下，不论选择哪一种混洗方式，最终采用不同混洗协议得到的数据的隐私性和可用性都没有大的差异；中心化差分隐私的常用技术则是针对数值型数据的拉普拉斯机制、高斯机制、二项分布机制、几何分布机制和针对非数值型数据的指数机制等。

从模型结构的角度来看，本地化差分隐私首先在用户端使用编码器对原始数据进行差分隐私加噪干扰，其次由中心端的分析器收集加噪干扰后的用户数据；混洗差分隐私是在本地化差分隐私的基础上，在编码器之后加入一个半可信的服务器充当混洗器，混洗器没有权限获得用户数据，只是根据混洗协议对数据进行乱序操作，最后由中心端的分析器收集加噪、混洗后的用户数据；中心化差分隐私则是直接收集用户的原始数据，由分析器直接进行差分隐私加噪干扰，在这种情况下需要假设分析器是完全可信的。图 9-12 所示为 3 种差分隐私的结构对比。

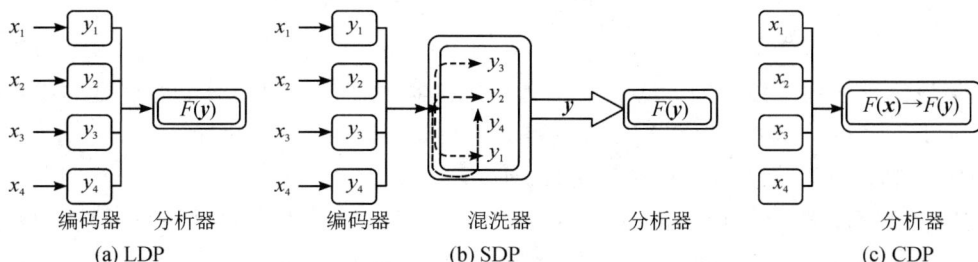

图 9-12　3 种差分隐私的结构对比

总体而言，对可信服务器的依赖 CDP>SDP>LDP；数据隐私性 CDP<SDP<LDP；数据效用性 CDP>SDP>LDP。

9.3.3　隐私放大理论

ESA 框架的提出是为了提高隐私算法的隐私保证，可以在每个处理步骤中建立隐私。其中混洗器的加入实现了 ESA 框架的隐私放大，并提出有力的隐私放大理论，当 ESA 框架与差分隐私结合时出现了混洗差分隐私模型。一般来说，混洗差分隐私是在本地化差分隐私编码器之后加入一个混洗器，混洗器的加入使得用户和数据之间的联系切断，从而使数据的隐私性放大。

如果要用差分隐私的参数分析隐私放大理论，则是经过本地端编码器 R 的加噪干扰后，数据满足 ε_L-差分隐私，再经过混洗器的洗牌操作后数据满足 ε_c-差分隐私，则可通过计算得出 $\varepsilon_L > \varepsilon_c$，说明若仅有编码器则保证了较低的隐私，而编码器加混洗器保证了较高的隐私，实现了隐私放大。针对差分隐私机制不同的情况，研究者们提出了不同的、具体的隐私放大定理，这些定理适用于不同的场景，可按照不同的需求使用。

定理 9.2（通用交互机制的隐私放大定理）　假设给定 n 个可信用户，每个用户对应 1 条记录 x_i，在本地端运行随机化编码协议 R。对任意的 $n>1000$，$\delta \in (0, 0.01)$，如果协议 R 满足 ε_L-本地化差分隐私，且 $\varepsilon_1 \in (0, 0.5)$，则协议 $S \circ R^n$ 对应混洗后的 n 个输出满足 (ε_c, δ)-DP，其中有

$$\varepsilon_c = 12\varepsilon_L \sqrt{\frac{\ln(1/\delta)}{n}} \tag{9-1}$$

注：该定理适用于混洗差分隐私中交互式机制的任何场景，属于通用型的隐私放大定理。交互式机制与差分隐私理论中的模式类似，用于处理前 $i-1$ 个编码器结果和用户的输入 x_i 相关的情况。交互式机制可以处理较为复杂的、用户间有关联关系的统计分析。

定理 9.3（通用非交互机制的隐私放大定理）　假设给定 n 个可信用户，每个用户对应 1 条记录 x_i，在本地端运行随机化编码协议 R。对任意的 $n \in \mathbf{N}_+$，$\delta \in [0, 1]$，如果协议 R 满足 ε_L-本地化差分隐私，且 $\varepsilon_L \in \left(0, \dfrac{\ln\left(\dfrac{n}{\ln(1/\delta)}\right)}{2}\right)$，则协议 $S \circ R^n$ 对应混洗后的 n 个输出满足 (ε_c, δ)-DP，其中

$$\varepsilon_c = O\left[(e^{\varepsilon_L} - 1)\sqrt{\frac{\ln(1/\delta)}{n}} \right] \tag{9-2}$$

注：该定理适用于混洗差分隐私中非交互式机制的任何场景，属于通用型的隐私放大定理。非交互式机制与差分隐私理论中的模式类似，协议 R 仅与用户的输入 x_i 有关，因此非交互式机制仅可以处理用户数据独立的统计分析。

定理 9.4(通用的隐私放大定理) 令 $n \in \mathbf{N}$，$\varepsilon_L \varepsilon \in \mathbf{R} \geqslant 0$。$\chi$ 是每个用户的输入数据集，令 $x_i \in \chi$ 表示输入数据集中的第 i 个用户，且 $x_{1:n} = (x_1, x_2, \cdots, x_n) \in \chi^n$。$R: \chi \to y$ 为提供隐私预算为 ε_L 的本地化差分隐私的本地随机化器。$\mathcal{M}_s: \chi^n \to y^n$ 是对于给定的数据集 $\chi_{1:n}$，总能计算出对应的 $y_i = R(\chi_i)$，$i \in [n]$ 的一种算法，它展现了 π 在 $[n]$ 上的均匀随机置换，并且输出 $y_{\pi(1)}$，$y_{\pi(2)}$，$\cdots y_{\pi(n)}$。当隐私预算 $\varepsilon_L \leqslant \ln\left(\frac{n}{16\ln(2/\delta)}\right)$ 时，对于任意 $\delta \in [0, 1]$，$\mathcal{M}_s$ 满足了 (ε_c, δ)-DP。此时

$$\varepsilon_c = f(n, \varepsilon_L, \delta)，f(n, \varepsilon_L, \delta) = \ln\left[1 + \frac{e^{\varepsilon_L} - 1}{e^{\varepsilon_L} + 1}\left(\frac{8\sqrt{e^{\varepsilon_L}\ln(4/\delta)}}{\sqrt{n}} + \frac{8e^{\varepsilon_L}}{n}\right)\right]$$

注：定理 9.4 给出了一个比其他通用定理更加先进的界，即它提供了一个比其他定理更加小的 ε_c。该定理通用于任何混洗差分隐私机制，不必局限于组合性质、交互机制或本地编码器的运行原理，因此可以得到很好的运用。

9.4 混洗差分隐私的应用

本节对混洗差分隐私的应用场景进行简要介绍，包括直方图发布、联邦学习、图数据保护。

9.4.1 直方图发布中的混洗差分隐私

直方图又称质量分布图，是一种统计报告图，由一系列高度不等的纵向条纹或线段表示数据分布的情况(一般用横轴表示数据类型，纵轴表示分布情况)。由于直方图表示的数据敏感度至多为 1，因此应用差分隐私理论发布直方图数据应用广泛。图 9-13 所示为一个简单的例子，用来表示用户数据及其直方图发布。

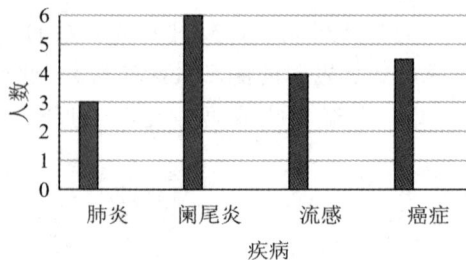

图 9-13 用户数据及其直方图发布

目前，基于中心化差分隐私和本地化差分隐私的直方图发布方法已经得到广泛研究，但是这两种框架又具有一定的局限性，即用户的隐私需求与收集者的分析精度之间的矛盾制约着直方图发布的可用性。混洗差分隐私技术假定每个用户都拥有单个数据，用户将自己的数据进行本地扰动之后发送给可信的混洗方，混洗方收集到所有用户的噪声数据之后进行随机排列，进而发送给数据收集者进行直方图发布。基于这个框架，混洗差分隐私可以很好地解决数据效用和隐私的平衡问题。

混洗差分隐私直方图发布往往需要解决以下 3 个问题。

（1）在本地用户端设计混洗随机应答机制时，由于真实数据的值域往往是很大的，因此如何避免大值域对发布精度与通信代价的影响是需要解决的主要问题。

（2）目前的算法中，混洗方执行数据洗牌操作时通常采用费雪耶兹传统随机排列算法来混洗消息，但是随着用户总数的增加，该算法一次洗牌操作的时间复杂度与用户数量呈现次方的关系。所以，混洗方如何设计高效的随机排列方法来实现用户消息的混洗操作，降低大量用户下的算法运行时间也是一个挑战。

（3）数据收集者收集到所有用户的数据之后，如何通过后置处理提高统计结果最终的精度也是面临的一个问题。

一批研究者致力于解决上述 3 个问题，提出了基于混洗差分隐私的直方图发布算法。目前，基于混洗差分隐私的直方图发布方法包括 SH、AUE、MURS、mixDUMP 和 HP-SDP 算法等，这些方法在保证用户隐私的基础上很大程度地提高了数据效用性。

9.4.2　联邦学习中的混洗差分隐私

考虑到混洗差分隐私这部分内容的逻辑性和连贯性，我们将联邦学习中的混洗差分隐私的内容介绍放在此处。关于联邦学习的相关内容介绍详见第 10 章差分隐私研究展望，读者可根据需要前往阅读。

当前，差分隐私保护联邦学习的难点在于如何兼顾数据隐私性和模型可用性。差分隐私的应用导致模型的准确率下降，而且随着迭代次数的增多，高维加噪梯度的聚合导致隐私损失成倍累加。如何在保证数据隐私性的同时减少模型的精度损失和通信开销是当前亟须研究的问题。因此，在这种情况下引入 ESA 框架，在联邦学习模型中实现混洗差分隐私成为一个研究趋势。

联邦学习模型的混洗差分隐私主要由本地用户端、混洗器、中心服务器 3 个模块构成，在本地用户端训练数据得到模型参数后，利用差分隐私算法进行加噪干扰，然后将满足差分隐私的模型参数上传到混洗器进行洗牌操作，最后中心服务器接收混洗器上传的参数，加权聚合后更新全局模型。

9.4.3　图数据保护中的混洗差分隐私

如今，针对网络的拓扑结构、演化机制等研究正引起国内外学术界的高度重视。由于所有的网络都可以抽象成图，因此针对图的各种研究就显得尤为重要。目前，针对图数据的隐私保护手段主要有简单匿名技术、图修改技术、聚类技术、差分隐私技术等。

图 9-14 所示为图数据保护中混洗差分隐私的应用模型。在将差分隐私技术运用到图数据隐私保护的过程中，同样面临数据隐私性和效用性权衡的问题，因此混洗差分隐私的出现为解决这个问题提供了思路。通常的思路是：每一个本地用户掌握自己的图数据，将图数据经过编码器编码并加噪干扰后上传给混洗器，混洗器按照规定的洗牌协议混洗数据，最后中心服务器收集由混洗器混洗后的数据并进行后置处理，提高数据可用性。

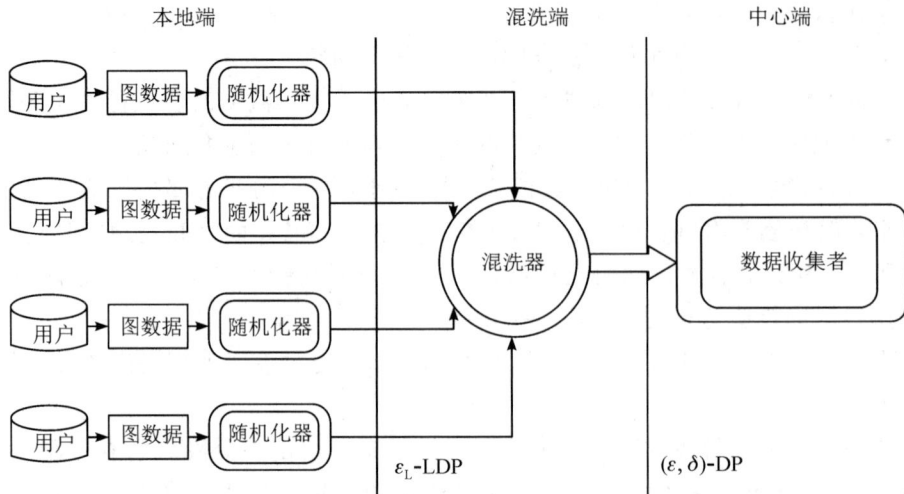

图 9-14　图数据保护中混洗差分隐私的应用模型

目前混洗差分隐私运用在图数据的尝试还很少，其难度在于本地端上传的图数据维度普遍很高，导致相邻数据集维度高，为保证差分隐私的需求会极大地破坏数据的效用性与隐私性。2022 年 Jacob Imola 等发表了一篇名为"Differentially Private Subgraph Counting in the Shuffle model"的论文，他们设计出的楔形混洗算法能够解决这个问题。未来关于图数据混洗算法还需要不断探索和解决。

本 章 小 结

ESA 框架的主要思想是在混洗器的作用下减少对数据的干扰，同时保护用户隐私。由于差分隐私具有严格的数学理论基础，该框架目前主要基于差分隐私技术而实现，称为混洗差分隐私(SDP)。

混洗差分隐私是为了克服本地化差分隐私数据可用性较差的缺点应运而生的，国内外对于混洗差分隐私的研究均属于起步阶段，还具有很大的研究潜力。目前，混洗差分隐私已经在多个场景得以应用，并不限于本章所介绍的直方图发布、联邦学习和图数据保护。

第10章 差分隐私研究展望

近些年来，在数据隐私保护领域，将差分隐私与各项新技术新方法相结合成为新的研究热点。图10-1所示为差分隐私关键词共现图，从图中可以看出，数据发布、社交网络和机器学习等关键词的出现较为频繁，差分隐私在这些领域得到了具体应用。

图10-1 差分隐私关键词共现图

本章主要简略介绍差分隐私在联邦学习中的应用，并且对未来的差分隐私研究进行了展望。当然，差分隐私研究在其他方面的新进展比较多，此处只是选取团队感兴趣的领域作简要介绍，片面性在所难免。

10.1 联邦学习差分隐私研究

随着科技日新月异的发展，人工智能、深度学习的发展给社会带来了巨大的进步，同时人类日常的社会活动所产生的数据也发生了爆炸式增长，如何挖掘这些海量数据中有价值的信息就成为了一项新的挑战。

在这样的背景下，机器学习技术应运而生。经海量数据训练出的机器学习模型已得到广泛应用，并且每时每刻都在改变着人们所生活的世界。但考虑到隐私安全的问题，数据虽多却无法直接交换，形成了"数据孤岛"现象，这也阻碍了人工智能模型能力的发展。联邦学习的诞生即是为了解决这一问题。

10.1.1　联邦学习

联邦学习又称联盟学习，是一个新兴的人工智能技术，最初是由谷歌在 2016 年提出的，用以解决个人数据在安卓手机端的隐私问题。联邦学习是一种使用分布式优化方法来保护多方合作时数据隐私的技术，其目的是解决数据孤岛、数据隐私问题。图 10 - 2 所示为联邦学习的简单框架图，展示了联邦学习的运行机制。在联邦学习中，训练数据不需要上传而是由本地按照需要训练，中心端的服务器会根据收集到的模型权重训练虚拟模型，聚合数据后更新虚拟参数，本地端会根据收到的更新参数迭代更新得到最优结果。

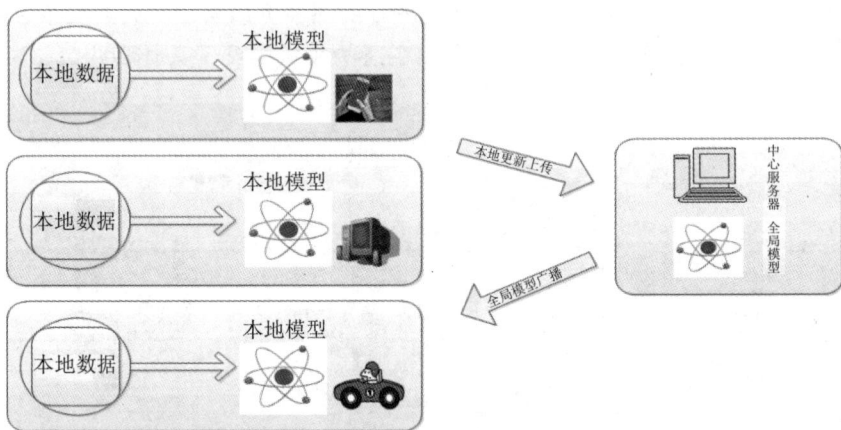

图 10 - 2　联邦学习框架

根据本地数据集特征信息的不同，联邦学习分为横向联邦学习、纵向联邦学习和联邦迁移学习。

（1）横向联邦学习。

横向联邦学习的数据集特征和标签信息相同，但样本 ID 不同。

两个数据集的用户特征重叠较多而用户重叠较少，根据特征维度横向切分数据集，挑选双方用户特征相同而用户不完全相同的数据进行训练。

（2）纵向联邦学习。

纵向联邦学习的数据集特征和标签信息不同，但样本 ID 信息相同。

两个数据集的用户重叠较多而用户特征重叠较少，根据用户维度将数据集进行纵向切分，挑选双方用户相同而用户特征不完全相同的数据进行训练。

（3）联邦迁移学习。

联邦迁移学习的数据集特征、标签信息和样本 ID 信息都不同。

联邦迁移学习是纵向联邦学习的一种特例，和纵向联邦学习的相同点在于数据特征维度重叠部分较少，而联邦迁移学习面临的情况更加苛刻，因为用户特征维度重叠部分也很少，利用迁移学习来克服数据或标签不足的情况。

▶▶ 10.1.2　联邦学习与差分隐私

联邦学习已被应用于日常生活中的许多场景，但随之而来的就是人们对于数据隐私问题的担忧。差分隐私是当前保护联邦学习隐私安全的主流技术，通过严格的统计框架提供隐私保证，使得加噪后的梯度无法泄露关于实体数据的敏感信息。

差分隐私技术应用于联邦学习可以在发布的模型参数中引入适当的不确定性噪声，从而可以将任何个体用户对于训练结果的影响隐藏起来。近几年许多基于差分隐私的隐私保护技术在联邦学习场景中被提出。例如：本地化差分隐私应用在物联网终端低算力设备上，提供了资源消耗的隐私保护框架；还可以将本地化差分隐私应用到联邦学习中本地模型更新上，通过加入高斯噪声达到隐私保护的目的；开发了一个新的异步联邦学习架构，可将此架构应用于车载网络物理系统，解决车辆物联网环境下敏感数据泄露的问题。

差分隐私技术也可应用于安全聚合机制，它是目前横向联邦学习主流的隐私保护机制。在中心化模型中，可以利用高斯机制在中心平均客户端上传参数时添加噪声，同时利用时刻累计技术保证当个体贡献过高时及时停止训练，从而保护个体隐私；在本地化模型中，考虑到客户端不信任服务器的场景，可以利用二项式机制对上传梯度进行扰动，从而使服务器的输出模型满足差分隐私。

Xu 等结合 MIFE 和 DP，提出了一种高效联邦学习框架 HybridAlpha，主要包括 5 种算法：Setup、PKDistri-bute、SKGenerate、Encrypt、Decrypt 和 3 种角色：可信第三方、客户端、聚合服务器。协议开始时，TTP 运行前 3 个算法进行初始化和函数密钥的分发，然后每个客户端利用 Encrypt 加密本地的模型权重，最后聚合器运行 Decrypt 解密得到所有加密权重的均值。为了抵抗推理攻击，为 TTP 添加一个抗推理模组，同时在客户端加密本地数据前需添加噪声。

Truex 等利用 DP 和 AHE 提出了一种联邦学习方案，为决策树、卷积神经网络和支持向量机 3 种模型设计了安全聚合算法。服务器根据学习模型向客户端质询相关的数据形式，如：对于决策树，服务器请求满足特定条件的样本个数；对于神经网络，服务器请求当前模型权重。客户端在本地扰动数据，再通过门限版本的 (n, t)-Paillier 加密来聚合扰动后的数据。门限加密允许不少于 t 个客户端进行密文解密，因此对相同的隐私预算 ε，每个客户端添加噪声的方差可降为原来的 $1/(t-1)$，从而提高了模型准确性。

当前差分隐私保护联邦学习的难点在于兼顾数据隐私性和模型可用性。如何在保证数据隐私性的同时减少模型的精度损失和通信开销，是当前亟须研究的问题。因此在这种情况下引入了 ESA 框架。在联邦学习模型中实现混洗差分隐私成为一个研究趋势。此部分内容已在第 9 章混洗差分隐私中介绍过，此处不再赘述。

10.2　差分隐私的未来与挑战

差分隐私作为一种新的隐私保护模型，是一种严谨可证明具有数学理论支撑的安全模型。与传统的隐私保护方法不同的是，差分隐私定义了一个极为严格的攻击模型，对隐私泄露风险给出了严谨、定量化的标识和证明。虽然基于数据失真技术，但所加入的噪声量与数据集大小无关，只需添加极少量的噪声就能为大型数据集达到高级别的隐私保护。

近些年来，差分隐私技术在数据发布、隐私保护算法设计、隐私保护理论和实际应用中都取得了一系列有意义的研究进展，不过仍然有很多挑战性的问题需要持续深入研究。

（1）隐私与效用的均衡问题。

设计差分隐私保护机制主要考虑如何保证设计的算法满足差分隐私，以确保数据隐私保护不被泄漏，以及如何减少添加噪声带来的误差，从而提高数据的可用性这两大问题。差分隐私在保证数据隐私的同时，应尽可能地保持数据的可用性。如何在隐私性与效用性之间进行合理的均衡，是一个需要持续深入研究的课题。

（2）自适应差分隐私研究。

传统的差分隐私方法主要采用固定的隐私预算，即对于每个查询或操作都有一个固定的噪声预算。然而，在实际应用中，不同的查询或操作可能对个体隐私的影响程度不同，因此需要动态调整隐私预算。近年来，研究者们提出了一系列动态隐私保护方法，可以根据具体的隐私需求自适应地选择隐私预算。这些方法使得差分隐私技术在满足隐私保护需求的同时，能够提供更高的数据可用性。

（3）联邦学习中的差分隐私研究。

大量研究表明，差分隐私技术能够使得联邦学习中的数据隐私的安全性得到一定的保证。基于差分隐私的方法虽然有效，但随着隐私保护程度的增强，不可避免地会提高学习算法的复杂性，并引入额外的计算和通信开销，并且加噪会使得数据的可用性下降，从而降低模型精度和算法效率。因此，如何处理噪声的添加，平衡好隐私保护、模型精度、算法效率三者之间的矛盾就成为了未来需要关注的问题。例如：在隐私保护技术中，加密技术可以有效地保护算法的中间变量，但不能掩盖数据本身的统计特征；差分隐私可以抵抗敌手对特定样本的识别，但作为一种有损运算，会造成精度损失；根据加噪后数据所需要的聚集运算，如何量化噪声添加量；在保证隐私度的前提下，如何引入混洗机制来减少噪声数据的添加量，等等。

（4）差分隐私动态数据发布算法研究。

差分隐私的相关研究工作主要集中在静态数据集上，针对复杂环境下的动态数据差分隐私保护模型及算法的研究尚待深入。在复杂环境下，动态数据的隐私保护需求更加突出，需要设计针对动态数据的差分隐私保护算法。设计算法时，需要考虑到动态数据的特点，如数据更新、新增数据等，同时还需要保证算法的差分隐私性能。

除上述 4 个方面的研究展望之外，差分隐私技术也存在一些其他方面的挑战，例如，隐私泄露度量、噪声优化、算法隐私保护过程中如何兼顾算法的公平性问题等都需要进一步地研究和探索。未来，我们可以期待差分隐私技术在更多领域中得到应用和推广，为个人隐私保护作出更大的贡献。

参 考 文 献

[1]　冯登国，张敏，李昊. 大数据安全与隐私保护[J]. 计算机学报，2014，37(1)：246-258.

[2]　茆诗松，程依明，濮晓龙. 概率论与数理统计[M]. 北京：高等教育出版社，2004.

[3]　熊平，朱天清，王晓峰. 差分隐私保护及其应用[J]. 计算机学报，2014，37(1)：101-122.

[4]　张啸剑，孟小峰. 面向数据发布和分析的差分隐私保护[J]. 计算机学报，2014，37(4)：927-949.

[5]　付钰，俞艺涵，吴晓平. 大数据环境下差分隐私保护技术及应用[J]. 通信学报，2019，40(10)：157-168.

[6]　李万杰，张兴，曹光辉，等. 基于差分隐私保护的数据分级融合发布机制[J]. 小型微型计算机系统，2019，40(10)：2252-2256.

[7]　吴宁博，彭长根，牟其林. 面向关联属性的差分隐私信息熵度量方法[J]. 电子学报，2019，47(11)：2337-2343.

[8]　倪巍伟，沈涛，闫冬. 基于差分隐私的数据世系发布方法[J]. 计算机学报，2020，43(3)：573-586.

[9]　李兰，杨晨，王安福. 差分隐私模型中隐私参数ε的选取研究[J]. 计算机科学，2019，46(8)：201-205.

[10]　唐朋. 满足差分隐私的多方数据发布技术研究[D]. 北京：北京邮电大学，2019.

[11]　聂熠文. 基于差分隐私的数据发布技术研究[D]. 合肥：中国科学技术大学，2019.

[12]　王绍蔚. 本地差分隐私保护的数据统计分析研究[D]. 合肥：中国科学技术大学，2019.

[13]　王宁. 面向高维数据的差分隐私数据发布技术研究[D]. 沈阳：东北大学，2017.

[14]　叶青青，孟小峰，朱敏杰，等. 本地化差分隐私研究综述[J]. 软件学报，2018，29(7)：1981-2005.

[15]　田丰，吴振强，鲁来凤，等. 面向轨迹数据发布的个性化差分隐私保护机制[J]. 计算机学报，2021，44(4)：709-723.

[16]　刘海，吴振强，彭长根，等. SNP连锁不平衡下的基因隐私保护模型[J]. 软件学报，2019，30(4)：1094-1105.

[17]　刘海. 自适应差分隐私及其应用研究[D]. 西安：陕西师范大学，2019.

[18]　刘向宇，王斌，杨晓春. 社会网络数据发布隐私保护技术综述[J]. 软件学报，2014，25(3)：576-590.

[19]　吴振强，胡静，田堉攀，等. 社交网络下的不确定图隐私保护算法[J]. 软件学报，2019，30(4)：1106-1120.

[20]　周异辉，鲁来凤，吴振强. 随机响应机制效用优化研究[J]. 通信学报，2019，40(6)：

74 - 81.

[21] 邓成梁. 运筹学的原理和方法[M]. 3 版. 武汉:华中科技大学出版社,2014.

[22] 王雷霞,孟小峰. ESA:一种新型的隐私保护框架[J]. 计算机研究与发展,2022,59 (1):144 - 171.

[23] 张啸剑,徐雅鑫,夏庆荣. 基于混洗差分隐私的直方图发布方法[J]. 软件学报, 2022,33(6):2348 - 2363.

[24] 何慧娴. 基于差分隐私和安全混洗的联邦学习隐私保护研究[D]. 上海:华东师范大学,2022.

[25] 吴英杰. 差分隐私统计数据发布[M]. 北京:清华大学出版社,2022.